Soziologie

Forum
der Deutschen Gesellschaft für Soziologie

Heft 1 • 2023

Herausgeber im Auftrag von Konzil und Vorstand der Deutschen Gesellschaft für Soziologie:
Prof. Dr. Dirk Baecker (verantwortlich im Sinne des Presserechts)
Redaktion: Prof. Dr. Sylke Nissen und Dipl. Pol. Karin Lange, Universität Leipzig, Institut für Soziologie, Beethovenstraße 15, D-04107 Leipzig, Tel.: 0341/97 35 648,
E-Mail: soz-red@sozio.uni-leipzig.de (Redaktion) oder dirk.baecker@zu.de (Dirk Baecker)

Vorsitzende der Deutschen Gesellschaft für Soziologie:
Prof. Dr. Paula-Irene Villa Braslavsky, Ludwig-Maximilians-Universität München,
Institut für Soziologie, Konradstraße 6, D-80801 München
E-Mail: paula.villa@lmu.de, Tel.: 089/2180 2441
Geschäftsstelle der Deutschen Gesellschaft für Soziologie:
Marcel Siepmann (Leitung), DGS c/o Kulturwissenschaftliches Institut Essen, Goethestraße 31, D-45128 Essen, E-Mail: marcel.siepmann@kwi-nrw.de,
Tel.: 0201/1838 138, Fax: 0201/1838 232
Schatzmeisterin der Deutschen Gesellschaft für Soziologie:
PD Dr. Heike Delitz, Universität Bamberg, Fakultät Sozial- und Wirtschaftswissenschaften, Feldkirchenstraße 21, D-96052 Bamberg
E-Mail: heike.delitz@uni-bamberg.de

Aufnahmeanträge für die DGS-Mitgliedschaft und weitere Informationen unter www.soziologie.de

Die Zeitschrift SOZIOLOGIE erscheint viermal im Jahr zu Beginn eines Quartals. Redaktionsschluss ist jeweils sechs Wochen vorher. Für Mitglieder der DGS ist der Bezug der Zeitschrift im Mitgliedsbeitrag enthalten. Beiträge in der SOZIOLOGIE werden über EBSCOhost Information Services sowie in den Bibliographien von De Gruyter: IBZ und IBR erfasst.

Campus Verlag GmbH, Kurfürstenstraße 49, D-60486 Frankfurt am Main, www.campus.de
Geschäftsführung: Marianne Rübelmann
Programmleitung: Dr. Judith Wilke-Primavesi
Anzeigenbetreuung: Claudia Klinger, Julius Beltz GmbH & Co. KG, Postfach 100154, D-69441 Weinheim, Tel.: 06201/6007-386, E-Mail: anzeigen@beltz.de
Fragen zum Abonnement und Einzelheftbestellungen: Beltz Medien-Service, Postfach 100565, D-69445 Weinheim, Tel.: 06201/6007-330, E-Mail: medienservice@beltz.de

Bezugsmöglichkeiten für Nichtmitglieder der DGS:
Jahresabonnement privat 78 €, Studierende / Emeriti 35 €
Jahresabonnement Bibliotheken / Institutionen 118 € print / 177 € digital (nach FTE-Staffel)
Alle Preise zuzüglich Versandkosten. Alle Preise und Versandkosten unterliegen der Preisbindung. Kündigungen des Abonnements müssen spätestens sechs Wochen vor Ablauf des Bezugszeitraums schriftlich mit Nennung der Kundennummer erfolgen.

Druck: Beltz Grafische Betriebe GmbH, Bad Langensalza
Beltz Grafische Betriebe GmbH ist ein klimaneutrales Unternehmen (ID 15985-2104-1001).
ISSN 0340-918X

MIX
Papier aus verantwortungsvollen Quellen
FSC www.fsc.org FSC® C089473

Klimaneutral
Papier
ClimatePartner.com/13732-1910-1001

Inhalt

Editorial 5

Soziologie in der Öffentlichkeit

Klaus Kraemer
Was kann die Soziologie im Schockzustand einer Krise leisten? 7

Forschen, Lehren, Lernen

Jörg Strübing
Für das Leben lernen 26

Friedhelm Neidhardt
Zugutachterei 36

Jörg Potthast
Unter Beobachtung an der Relationierung arbeiten 50

Andreas Diekmann
Neuorientierung der Methoden-Ausbildung 68

DGS-Nachrichten

Satzung der Deutschen Gesellschaft für Soziologie (DGS) 72

Ausführungsbestimmungen ›Stärkung der Sektionen‹ 80

Ausführungsbestimmungen ›Nominierungsverfahren‹ 81

Beschlüsse des Konzils vom 13. Mai 2022 85

Aus dem DGS-Vorstand 89

Preise der DGS für herausragende Abschlussarbeiten
Julian Heide
Polarisierung von den Rändern denken 91

Patricia Thomas
Im Zweifel für die Freiheit? 100

Veränderungen in der Mitgliedschaft 108

Nachrichten aus der Soziologie

Bernhard Schäfers
In memoriam Ulfert Herlyn 111

Betina Hollstein
In memoriam Yvonne Schütze 116

ASI-Nachwuchspreis 2023 120

Habilitationen 121

Call for Papers 122
Diversity and Difference – Studies in Subjectivation

Tagungen 125
Herausforderungen für eine neue Wohnungspolitik • Current Perspectives on Spatial Mobilities

Autorinnen und Autoren 129

Abstracts 130

Liebe Kolleginnen und Kollegen,

ein Gespenst geht um in der Soziologie, das Gespenst einer *relationalen* Soziologie. Auf dem Soziologiekongress in Bielefeld sah man es über den Noppenboden schleichen. Der Bücherstand von Suhrkamp war der letzte, der am Freitagnachmittag abgebaut wurde, aber auch dort wurde man seiner nicht habhaft. Was hat es mit diesem Gespenst auf sich? Viele halten es für eine Neuerfindung der Soziologie mit den Mitteln der Soziologie, eine tautologisch-pleonastische Bekräftigung dessen, was die Soziologie immer schon war. Kann man sich, um nur *einen* Gründungsakt zu nennen, Auguste Comtes Unterscheidung zwischen Statik und Dynamik, die Adorno nicht mochte, ohne ein Grundverständnis von Relationen vorstellen? Immerhin ging es bei Comte um den Hinweis, dass jeder soziale Sachverhalt zugleich auf zwei Achsen zu denken sei, einmal als Differenz zu gegenwärtig mitlaufenden *anderen* Sachverhalten und einmal als Differenz zu früheren und späteren Versionen *desselben* Sachverhalts. Die Statik war eine der Ausdifferenzierung, die Dynamik eine der Entwicklung (oder der Stagnation). Beide sind ohne Relationen zum Anderen, Früheren und Späteren nicht zu denken. Bemerkenswert ist allenfalls, dass neben der Sachdimension und der Zeitdimension aller sozialen Sachverhalte die Sozialdimension keine explizite Erwähnung findet. Wurde die Soziologie ohne eine Berücksichtigung *sozialer* Relationen erfunden? Geht es darum?

Wie man hört, will die relationale Soziologie den Unterschied zwischen Akteur und Struktur unterlaufen, also aus jener Sackgasse heraushelfen, in die sich eine Soziologie manövriert hat, die nicht weiß, wie Intentionen und Motive auf der einen Seite zu Verhältnissen auf der anderen Seite in eine Beziehung zu setzen sind. Man denke an Colemans Badewanne. Die relationale Soziologie wendet ein, dass es sich bei Relationen um Phänomene handelt, die weder das eine, Akteur, noch das andere, Struktur, sind. Schlimmer noch, jetzt wird es gespenstisch, sie sind beides zugleich. Relationen besitzen eine eigene *agency* im Verhältnis zu Akteuren und sind damit der Stoff, aus dem die Verhältnisse bestehen, als jederzeit »ausgehandelte« und neu »auszuhandelnde« Verhältnisse. Verhandlung klingt gut.

Spooky. Kann man nicht einen Schritt weitergehen und unter Berufung auf Simmels Begriff der Wechselwirkung *jeden* soziologischen Grundbegriff als Relation rekonstruieren? Ein Akteur ist die Relation einer Intention oder eines Motivs auf eine Situation? Eine Struktur ist die Relation von mindestens zwei Determinanten einer Situation zueinander? Eine Rolle ist die Relation von Verhaltenserwartung und personaler Darstellung? Eine Norm ist die Relation von Verhaltenserwartung, Wahrscheinlichkeit der Abweichung und Sanktionspotential? Und so weiter. Ein Feld ist eine Relation zwischen einer Kraft und weiteren Kräften? Ein System ist eine Relation zwischen Operation und Rekursion? Ein Netzwerk ist eine Relation zwischen Positionen und Äquivalenzen? Das Gespenst kommt richtig in Fahrt.

Was hätte man von solchen Reformulierungen? Sicherlich mehr begriffliche Beweglichkeit. Aber mir scheint außerdem, dass man mit diesem Verständnis von Relation der Methodendebatte in der Soziologie zuarbeiten könnte, die wir mit dem vorliegenden Heft und einem Aufruf von Andreas Diekmann wieder aufnehmen. Wenn es stimmt, was Stephan Moebius und Oliver Römer in einem Beitrag über die »wilden siebziger Jahre« und ihre »gegnerischen Soziologien« in der *Zeitschrift für Soziologie* jüngst beschrieben haben, leidet die Soziologie weniger unter einem Theoriedefizit als vielmehr an einem Methodendefizit. Theorien großen Stils und mittlerer Reichweite gibt's genug, auch wenn sie nicht facheinheitlich zu haben sind. Aber worauf es ankäme, wäre die Entwicklung von Methoden, die auf nichts anderes achten als auf Relationen, Beziehungen; diese jedoch quantitativ und qualitativ zu differenzieren wissen. Häufigkeiten und Frequenzen, Typen und Funktionen, Entstehung und Zerfall, wäre damit nicht für jede Art von Soziologie ein Boden gefunden, auf dem sie bauen kann?

Statistische und hermeneutische Methoden hätten in Relationen ihren Konvergenzpunkt. Was stellt womit auf welche Art eine Beziehung her? Woraus, aus welchem Material, besteht diese Beziehung? Welche Rollen spielen für wen das Reale, das Symbolische und das Imaginäre? Unter welchen Bedingungen hält diese Beziehung wie lange beziehungsweise kann wie und von wem wieder aufgelöst werden?

Ich gebe zu, dass meine Eindrücke vom Kongress in Bielefeld an diesen Fragen nicht ganz unschuldig sind. Es gibt sie, die soziologische Fragestellung, aber kaum jemand ist streng genug, sich an sie zu halten.

Mit herzlichen Grüßen
Dirk Baecker

SOZIOLOGIE, 52. JG., HEFT 1, 2023, S. 7–25

Was kann die Soziologie im Schockzustand einer Krise leisten?

Eine Entgegnung auf Heinz Bude

Klaus Kraemer

Kürzlich hat Heinz Bude in der SOZIOLOGIE über seine Erfahrungen »aus dem Maschinenraum« der Beratung während der SARS-CoV-2-Pandemie berichtet, die er zunächst im März 2020 in einem informellen Beratungsgremium des Bundesinnenministeriums und sodann als Co-Autor der No-Covid-Initiative gemacht habe (Bude 2022). Zum Hintergrund sei erwähnt, dass die Frankfurter Allgemeine Zeitung am 2. April 2020 über ein geleaktes[1] internes Strategiepapier des Bundesinnenministeriums: »Wie wir COVID-19 unter Kontrolle bekommen« berichtete, das vor einem dramatischen Katastrophenszenario mit mehr als einer Million Toten allein in Deutschland im ersten Jahr der Pandemie warnte, wenn nicht umgehend rigorose staatliche Maßnahmen zur Eindämmung der Pandemie ergriffen werden würden (FAZ 2020). Um die »gewünschte Schockwirkung« (BMI 2020: 13) in der Bevölkerung zu erzielen, ist in diesem Strategiepapier empfohlen worden, die Bedrohung in möglichst drastischen Bildern auszumalen. Beispielsweise liest man: »Viele Schwerkranke werden von ihren Angehörigen ins Krankenhaus gebracht, aber abgewiesen, und sterben qualvoll um Luft ringend zu Hause. Das Ersticken oder nicht genug Luft kriegen ist für jeden Menschen eine Urangst.« (ebd.) Der Behauptung, dass Kinder kaum betroffen seien, müsse, so ist im Strategiepapier formuliert worden, entschlossen entgegengetreten werden: »Wenn sie dann ihre Eltern anstecken, und einer davon

1 Die Version des Strategiepapiers, aus der hier zitiert wird, wurde nach Recherchen des Projektes FragDenStaat auf der Webseite von abgeordnetenwatch.de publiziert.

qualvoll zu Hause stirbt und sie das Gefühl haben, Schuld daran zu sein, weil sie z.B. vergessen haben, sich nach dem Spielen die Hände zu waschen, ist es das Schrecklichste, was ein Kind je erleben kann.« (ebd.) Die No-Covid-Initiative, eine interdisziplinär zusammengesetzte zivilgesellschaftliche Autorengruppe von 14 deutschen Wissenschaftlerinnen und Wissenschaftlern, trat dann im Laufe der zweiten Coronawelle mit Vorschlägen zur Bildung »roter« und »grüner Zonen« in Deutschland und Europa an die Öffentlichkeit.[2] Die leitende Idee beruhte darauf, das Infektionsgeschehen einzudämmen und Infektionsketten zu »kontrollieren«, indem »drastische«[3] Beschränkungen der räumlichen Mobilität und des Alltagslebens in »roten Zonen« dazu beitragen sollten, »grüne Zonen« zu schützen.

Die Feldforschungsreisen, die ich im November 2020 und Januar 2021 nach Stockholm und im April 2021 nach Göteborg unternommen habe, wirkten angesichts solcher Vorschläge wie Reisen in eine andere, fast schon unwirklich anmutende Welt, in der die staatlichen Behörden nicht nur auf dramatische, an die Öffentlichkeit gerichtete Appelle verzichteten, sondern vor allem auch auf Lockdowns und Ausgangssperren, Schulschließungen (für Schüler unter 16 Jahren) und Gewerbeverbote sowie im weiteren Verlauf der Pandemie ebenso auf anlasslose Massentestungen oder restriktive Zugangskontrollen zu öffentlichen Räumen (»2G«). Maskenempfehlungen wurden nur sehr selektiv und zeitlich äußerst eng befristet ausgesprochen, nie jedoch eine obligatorische, sanktionsbewehrte Maskenpflicht verfügt. Während der zweiten Welle erließen die regionalen Gesundheitsbehörden einige Maßnahmen,[4] die im Vergleich zu Deutschland allerdings äußerst moderat ausfielen.[5] Im November 2020 interviewte ich Expats der Stockholmer Universität. Sie berichteten mir unisono, dass sie die Pandemie in Schweden als einschneidende Erfahrung erleben würden, allerdings mit umgekehrtem Vorzeichen. Vor Jahren hätten sie sich ganz bewusst für Stockholm als »kosmopolitischen« Arbeits- und Lebensort entschieden. Nun

2 Siehe die No-Covid Webseite https://nocovid-europe.eu/index.html.

3 https://www.aerzteblatt.de/nachrichten/121055/No-COVID-Initiative-Konzept-fuer-gruene-Zonen.

4 Zum Beispiel die Acht- beziehungsweise Vier-Personen-Tischregel in der Gastronomie.

5 Vgl. etwa University of Oxford, Global Change Data Lab (2022) zu »Policy Responses to the Coronavirus Pandemic«: Government Stringency Index, School and Workplace Closures, Stay-at-Home Restrictions, Face Coverings.

würden sie sich nicht trauen, einen Mund-Nasenschutz in der Stockholmer U-Bahn zu tragen, da sie nicht als ›Ausländer‹ erkannt werden möchten.[6]

Wie konnte das sein? War Schweden eine andere Welt, in der, so die veröffentlichte Meinung in Deutschland und anderswo, die staatlichen Behörden in fahrlässiger und ›unverantwortlicher‹ Weise auf die globale Pandemie reagieren würden? Der Kontrast hätte kaum größer ausfallen können. Auf meinem Flug von Wien nach Stockholm im November 2020 wurde die korrekte Einhaltung der Maskenpflicht akribisch kontrolliert. Angekommen am Stockholmer Flughafen fielen die Masken der Reisenden, sobald sie das unmaskierte schwedische Sicherheitspersonal passiert hatten. In Stockholm traf ich eine skandinavische Metropolenregion an, deren nationale Gesundheitsbehörde auf paternalistischen Alarmismus gänzlich und auch auf restriktive nicht-pharmazeutische Top-down-Maßnahmen vollständig verzichtete, stattdessen einige Empfehlungen aussprach (*stay in your social bubble*) und ansonsten den sogenannten schwedischen Sonderweg damit begründete, nicht die Balance zwischen dem Schutz vor SARS-CoV-2-Infektionen und den unerwünschten Folgewirkungen von Eindämmungsmaßnahmen aus den Augen zu verlieren. Konkret bedeutete dies, dass im gesamten Verlauf der Pandemie Kinder und Jugendliche von allen staatlichen Empfehlungen und Maßnahmen unbehelligt blieben.

Nach anfänglichem Zögern wiesen die Reaktionsmuster der politischen Entscheidungsträger in Deutschland in eine völlig andere Richtung. Es erübrigt sich, den Katalog der ergriffenen Maßnahmen nochmals in Erinnerung zu rufen, mit dem das pandemische Geschehen ›kontrolliert‹ und ›in den Griff‹ gebracht werden sollte. Ich möchte allerdings drei Beispiele herausgreifen und illustrieren, zu welchen überschießenden Reaktionen die Idee des »in den Griff bekommen« (Bude 2022: 254) führte. Im Frühjahr 2021 erklärte das Ordnungsamt der Stadt Düsseldorf ein sanktionsbewehrtes ›Verweilverbot‹ auf Parkbänken am unüberdachten Rheinufer zur ›neuen Normalität‹. Einer ähnlichen Kontrollidee folgend sperrten lokale Ordnungsbehörden im Hochsauerland bereits im Januar 2021 die Parkplätze bekannter Rodelwiesen rund um Winterberg weiträumig ab und ermahnten obendrein Eltern mit ihren Kindern unter Androhung von Bußgeldern, auf der Rodelwiese einen Mund-Nasen-Schutz verpflichtend zu tragen. Und in

6 Zur Frage der unterschiedlichen Mortalitätsraten berichtete das Deutsche Ärzteblatt am 19. Mai 2022 über eine »vergleichbare Übersterblichkeit« in Deutschland und Schweden in den Jahren 2020 und 2021. Vgl. dort auch die knappen Hinweise zu Daten- und Berechnungsproblemen (o. A. 2022).

Hamburg verfügten die städtischen Behörden, dass selbst Jogger im Freien an der Alster die Maskenpflicht zu befolgen hätten. Die Liste derartiger Maßnahmen – von Ausgangssperren bis hin zur »Osterruhe« 2021 – ließe sich fast schon beliebig verlängern. Es wäre abwegig, auf der Grundlage unsystematischer Alltagsbeobachtungen das staatliche Pandemiemanagement in Deutschland mit Schweden oder etwa der Schweiz zu vergleichen und etwaige nationale Sonderbedingungen zu identifizieren, die sicherlich auch mit unterschiedlichen politisch-institutionellen Ordnungen und den jeweiligen Varianten der politischen Kultur zu tun haben. Das Problem besteht eher darin, dass ein systematischer Vergleich des epidemiologischen Erfolgs oder Misserfolgs des jeweiligen Pandemiemanagements an der unzureichenden Verfügbarkeit von validen Daten scheitern würde (vgl. etwa Glasziou, Michie, Fretheim 2021; Bendavid et al. 2021; Talic et al. 2021). In Deutschland hat der Sachverständigenausschuss (2022) des Bundesministeriums für Gesundheit in der Sache unmissverständlich festgestellt, dass eine evidenzbasierte Analyse des deutschen Maßnahmenmanagements mangels einer soliden Datenlage nicht möglich sei. Und selbst dann, wenn auf der Grundlage valider Daten eine vergleichende Analyse möglich gewesen wäre, hängt eine Bewertung des Erfolgs oder Misserfolgs nationaler Elimination- und Mitigation-Strategien immer auch von wissenschaftlich nicht begründbaren Werturteilen ab, also etwa davon, in welchem Verhältnis die erhofften positiven Effekte der ergriffenen Pandemiemaßnahmen zu unerwünschten Maßnahmenfolgen gesehen werden.[7] Und natürlich wird jede Bewertung auch dadurch beeinflusst, ob unerwünschte Maßnahmenfolgen überhaupt erkannt und bilanziert oder stillschweigend ignoriert werden. Sieht man von solchen, durchaus erheblichen Bewertungsproblemen ab, also einerseits von der unzureichenden Datenverfügbarkeit und andererseits davon, dass immer, gerade auch in Pandemiezeiten, normative Abwägungen vorgenommen und politische Urteile gefällt werden, dann könnte man die staatlichen Eindämmungsmaßnahmen mitsamt der begleitenden politisch-medialen Krisenkommunikation auch soziologisch untersuchen. An anderer Stelle habe

7 Gesundheitsschutz versus Kollateralschäden im Schul- und Bildungssystem, allgemeine Gesundheitsversorgung, psychosoziales Wohlergehen nicht-vulnerabler Personen, Auswirkungen auf die Wirtschaft oder benachteiligte Bevölkerungsgruppen.

ich den Versuch unternommen, die *soziale Logik* der staatlichen Pandemiepolitik – in Deutschland und Österreich – zu rekonstruieren (vgl. Kraemer 2021; 2022).[8]

Im Folgenden möchte ich anlässlich Heinz Budes Reflexionen »aus dem Maschinenraum der Beratung« während der Coronakrise problematisieren, welche Rolle das Fach im »kritischen Moment« (Bourdieu 1988: 254 ff.) einer singulären, ganz und gar außeralltäglichen Krise einnehmen könnte oder aus meiner Sicht auch sollte. Zunächst stimme ich mit Bude überein, dass es sich bei der Coronakrise weder um eine Allerweltskrise noch um eine Krise handelte, die einem zyklisch wiederkehrenden, also durchaus vertrauten Verlaufsmuster folgt. Stattdessen erlebten wir im Frühjahr 2020 eine historisch beispiellose Krise, die Jürgen Habermas pointiert mit den Worten umschrieb: »So viel Wissen über unser Nichtwissen gab es noch nie« (Habermas 2020). In ubiquitärer Weise stellte die Coronakrise eigentlich alle sozialen Gewissheiten zur Disposition, die zuvor unhinterfragt gültig waren, und zwar ganz gleich, ob es sich um alltägliche Face-to-face-Konventionen handelte, um institutionalisierte Praktiken in Organisationen gleich welcher Art oder um die durch demokratische Verfassungsrechte eingehegte staatliche Organisation der sozialen Wirklichkeit. Mit Bude stimme ich überein, dass die Coronakrise die vertraute Wirklichkeit der sozialen Welt buchstäblich aus den Angeln gehoben hat und der durch Lockdowns verordnete Ausnahmezustand zur Revision epistemischer Glaubenssätze führte.[9] Zudem berichtet Bude, dass man sich im Frühjahr 2020 »in einem Real-Labor« (2022: 247) befunden habe, in dem die kollektive Expertenerwartung allgegenwärtig war, das Virus um jeden Preis einzudämmen. Zu bedenken geben möchte ich allerdings, dass von dieser deutschen »neuen Normalität« der Krisenwahrnehmung weder in Stockholm noch später in Göteborg sonderlich viel zu spüren war. In Kontrast zu Budes Beobachtungen aus dem »Maschinenraum« der deutschen Pandemieberatung könnte der sogenannte schwedische Sonderweg den soziologischen Blick dafür öffnen, dass im

8 Virologisch-mathematische Expertendelegation, Isomorphismus staatlichen Handelns, Legitimation durch Schutzversprechen, Pfadabhängigkeit und Performativität des Pandemiemanagements, Demonstration von staatlicher Handlungsfähigkeit durch Signalpolitik, kollektive Dissoziation und strategische Ignoranz staatlicher Akteure gegenüber Kollateralschäden, Kollektivmoral der Befürchtungsgemeinschaft als kultureller Treiber des Entscheidungsprozesses.

9 Zum Beispiel statt »schwarzer Null« faktische indirekte monetäre Staatsfinanzierung der Corona-Rettungsschirme durch die Europäische Zentralbank, siehe hierzu das Pandemic Emergency Purchase Programme – PEPP, vgl. ECB (2020).

Frühjahr 2020 die uns allen bestens vertraute soziale Welt in Deutschland mitsamt ihren bewährten sozialen Institutionen nicht wegen des Virus, sondern aufgrund der staatlichen Maßnahmen zur Eindämmung des Virus und einer begleitenden medialen Krisenperzeption – temporär – aus den Angeln gehoben worden ist.

Bereits mit dem Ausbruch der Pandemie drängte sich die Frage auf, ob die Soziologie im Schockmoment einer so fundamentalen Krise in der Lage ist, die fast schon mechanisch ablaufenden Krisenreaktionsmuster in Medien und Politik, Wirtschaft und Kultur, Wissenschaft und Gesellschaft soziologisch nüchtern zu beschreiben, ohne in den Strudel einer auch emotional aufgeheizten, von katastrophischen Angstszenarien (›Killervirus‹) und alternativlosen Handlungsszenarien (›Lockdowns retten Leben‹) getriebenen, politisch-medialen Öffentlichkeit zu geraten, die sich im Ausnahmezustand einer ›Jahrhundertkatastrophe‹ (Angela Merkel) dazu berufen fühlte, die sonst üblichen Standards einer liberalen, offenen Gesellschaft unter den Generalverdacht der ›Lebensgefährdung‹ zu stellen. Seit Max Webers Wissenschaftslehre verfügt das Fach über ein solides methodologisches Handwerkzeug, um zwischen der Rolle eines engagierten, an öffentlicher Wirksamkeit orientierten, wertgeleiteten *Experten* einerseits und der eines distanzierten sozialwissenschaftlichen *Beobachters* andererseits unterscheiden zu können. Es stellt sich allerdings die Frage, ob dieses methodologische Rüstzeug der Sozialwissenschaften wetterfest genug ist, um auf dem emotionalen Höhepunkt einer fundamentalen Krise den kollektiv geteilten Erwartungen in Politik und Massenmedien zu trotzen, denen man, so meine Eindrücke vom Frühjahr 2020, im buchstäblich eingefrorenen Schockmoment *sozial* nur um die Gefahr eines Reputationsverlusts hätte ausweichen können. Mit den methodischen und theoretischen Werkzeugen der Soziologie verbietet sich jeder historische Vergleich von singulären Ereignissen. Trotz alledem gehört es zum bewährten Standardrepertoire des Faches, eine gewisse Ähnlichkeit von sozialen Musterbildungen auch zwischen historisch ansonsten unvergleichbaren Epochen herauszuarbeiten. Deswegen erlaube ich mir, eine fast schon bissig-lakonische Bemerkung von Emil Lederer in Erinnerung zu rufen. Lederer schrieb im Januar 1915 im Vorwort seines Aufsatzes »Zur Soziologie des Weltkriegs«, dass mit der Julikrise von 1914 die »kühle Objektivität« des »Häuflein[s] selbst der von Beruf ›Unparteiischen‹« – gemeint sind die Sozialwissenschaftler – »in allen Ländern in ein Nichts« zusammengeschrumpft sei (Lederer 2014: 102). Und er bemerkt weiter, dass sich gerade auch Intellektuelle der nationalen Gesinnungsgemeinschaft mit geradezu suggestiver Gewalt kaum entziehen konnten. An Lederer musste ich unweigerlich denken, als der damalige Gesundheitsminister Jens Spahn die »Kontrolle des Virus« zu einer Frage der »patriotischen Pflicht« stilisierte (ARD, Corona-Liveticker, 11. Dezember 2020).

Die Pandemie mit Gramsci »in den Griff bekommen«?

Das Lagebild im »Maschinenraum« der staatlichen Pandemieberatung, über das Bude in der SOZIOLOGIE berichtet, deckt sich weitgehend mit dem, was – etwas zeitverzögert – öffentlich, das heißt politisch-medial ab März 2020 kommuniziert worden ist: *Das Virus verbreitet sich exponentiell. Die Lage spitzt sich dramatisch zu, wenn nicht umgehend und einschneidend gegengesteuert und das Virus unter Kontrolle gebracht wird. Die gesundheitliche Bedrohung der Bevölkerung, auch über alle Altersgruppen hinweg, ist beispiellos. Nichtstun führt zur Durchseuchung der Bevölkerung mit katastrophalen Folgen. Dann müssen Patienten von der Intensivmedizin abgewiesen werden. Allein in 2020 drohen in Deutschland mindestens eine Million Tote.* Es gäbe keine Alternative zu *Hammer and Dance*, so lautete das beängstigende Katastrophenszenario, das in den maßgeblichen öffentlichen Repräsentationsräumen mehr oder weniger unangefochten geteilt worden ist. Hingegen wurden davon abweichende Expertengruppen kaum beachtet oder sogar schlicht ignoriert, die sich schon früh für eine stärkere Beachtung der Verhältnismäßigkeit von Eindämmungsmaßnahmen und eine explizite Perspektivenerweiterung des Pandemiemanagements über virologisch-biozentristische Sichtweisen hinaus aussprachen.[10] Bemerkenswert war, dass diese Stimmen von Beginn an eine gleichberechtigte Einbeziehung der Sozialwissenschaften und auch eine Aufwertung der soziologischen Perspektive einforderten. Eigentlich hätten diese Stimmen ›Verbündete‹ der Soziologie sein können. Nach meinen Eindrücken wurden diese Stimmen in unserem Fach allerdings nicht als solche erkannt, um die sehr eindimensionale medizinisch-virologisch-mathematische Perspektive auf die Pandemie gemeinsam zu erweitern. Womöglich hat das auch damit zu tun, dass in der aufgeheizten Diskursatmosphäre des ersten Pandemiejahres selbst seriöse heterodoxe Ex-

---

10 Vgl. international: Kulldorff et al. (2020), für Österreich Sprenger (2020; 2022), für Deutschland die Adhoc-Stellungnahmen der Thesenpapier-Autorengruppe, die sich auf der Webseite des Mediziners Matthias Schrappe finden: https://schrappe.com/ms2/ index.htm.

perten unter dem latenten Generalverdacht standen, ›Menschenleben zu gefährden‹ oder sich sogar mit Pariaexperten gemein zu machen, die die Pandemie leugnen oder sogenannten Verschwörungstheorien anhängen. In Schweden habe ich eine durchaus ähnliche soziale Rollenverteilung zwischen orthodoxen und heterodoxen Experten angetroffen, allerdings mit umgekehrtem Vorzeichen und ohne eine vergleichbare emotionale Polarisierung.

Die drastische Lagebeurteilung des informellen Beratungsgremiums des Bundesinnenministeriums, von der Bude berichtet, ist zwar nicht im Wortlaut, aber wohl in der Sache in den folgenden Wochen und Monaten medial vielfach repliziert worden, auch unter dem »Eindruck der Bilder von Bergamo« (Bude 2022: 249). Aus der Warte der Soziologie stellt sich allerdings die Frage, welche Erkenntniswerkzeuge das Fach eigentlich zur Verfügung hat, um einer solchen Lagebeurteilung den Status einer zweifelsfreien, unumstößlichen und unwiderlegbaren Tatsache zuzuschreiben. Diese Frage stellt sich umso mehr, wenn aus einer solchen Lagebeurteilung nicht nur vage Handlungsempfehlungen, sondern alternativlose Handlungsnotwendigkeiten abgeleitet und mit dem Gestus des sachlich und zugleich moralisch Unumgänglichen kommuniziert werden. Im März 2020 lautete die alles »entscheidende Frage«, so Bude, »wie man in einer komplexen, modernen Gesellschaft auf das individuelle Verhalten *zugreifen*« könne (Bude 2022: 247, meine Hervorhebung). Die Rollenverteilung in einem solchen Beratungssetting ist damit festgezurrt: Virologen, Mathematiker und Physikerinnen definieren und modellieren mit ihren düsteren Zukunftsprognosen die »tatsächlichen« Probleme, während Soziologinnen und Soziologen sich darum kümmern sollten, »rhetorische Formeln für die Begründung von Entscheidungen« (ebd.) kommunikativ anschlussfähig zu machen, das heißt zu popularisieren, damit der administrative ›Zugriff‹ auf das individuelle Verhalten der Leute auch tatsächlich gelingt. Eine Politik des »Zugriffs«, so Bude mit Gramsci, sei nämlich nur dann von Erfolg gekrönt, wenn die Bevölkerung den staatlich verordneten Zwangsmaßnahmen mehrheitlich auch zustimme. Zustimmung zu den verordneten Maßnahmen sei aber nur dann wahrscheinlich, und hier kommt Gramsci ins Spiel, wenn die staatlichen Entscheidungsträger die »Deutungshoheit in der Hand behalten« würden (ebd.: 249). Budes optimistische Schlussfolgerung, die den Geist der No-Covid-Initiative atmet, ist unmissverständlich: »Die Schocktherapie bringt uns am Ende schneller ans Ziel als das lange Hinauszögern des Unvermeidbaren« (ebd.; vgl. neuerdings Sachs et al. 2022).

Was tun? Die Soziologie im Schockmoment einer Krise

Im Schockmoment der pandemischen Krise, Bude spricht vom »Moment der Gefahr«, wird virologisch-medizinischen Experten mehr oder weniger unangefochten die Kompetenz zugeschrieben, »unmissverständliche Tatsachen« (Bude 2022: 248, 250) zu liefern, etwa über die Gefährlichkeit, Übertragungswege und Diffusionsdynamik des Virus, während von den Sozialwissenschaften allenfalls erwartet wird, Deutungswissen bereitzustellen, um das Unvermeidbare der Eindämmungsmaßnahmen kommunikativ in die Bevölkerung hinein zu transportieren. Einige Probleme einer derartigen Rollenzuschreibung werde ich sogleich ansprechen. An dieser Stelle ist lediglich Folgendes anzumerken: Unbestritten ist, dass staatliche Akteure in einer singulären Krise vor dem Dilemma stehen, Entscheidungen von erheblicher Tragweite und unter Zeitdruck treffen zu müssen, ohne jedoch über halbwegs erprobte Erfahrungen oder gar evidenzgeprüfte Strategien im Umgang mit solchen Krisen zu verfügen. Gleiches gilt natürlich auch für Entscheidungen, die hinausgezögert oder nicht getroffen werden. Vor dem Hintergrund einer solchen dilemmatischen Situation ist allerdings die Frage aufzuwerfen, was mögliche Gütekriterien einer soziologischen Intervention in einem, von radikaler Ungewissheit geprägten Krisenmoment sein könnten, ganz gleich, ob es sich um öffentliche Kommunikationsarenen oder nichtöffentliche Beratungsformate gleich welcher Art handelt.

Krisenrhetorik der einfachen Worte?

Die Bekämpfung der SARS-CoV-2-Pandemie galt vielen als ›Stunde der Exekutive‹. Bekanntlich ist damit – im Moment der Bedrohung – ein Primat der Politik gemeint, das staatliche Akteure in die Lage versetzen soll, einschneidende Maßnahmen zur Eindämmung des Infektionsgeschehen durchzusetzen, ohne allzu viel Rücksicht auf die in normalen Zeiten gültigen deliberativen Verfahrensmodalitäten und rechtsstaatlichen Sicherungen einer funktional differenzierten sozialen Ordnung nehmen zu müssen. Wenn Gefahr von katastrophischen Ausmaßen im Verzug sei, so lautete das Argument, müsse zeitnah ›durchregiert‹ werden können. Wie die empirische Meinungsforschung lehrt, versammelt sich in solchen Momenten die große Mehrheit der

Bevölkerung immer hinter der Regierung. Unabhängig davon, ob die Gründe zur Beurteilung der Gefahrenlage hinreichend gewesen sind, so ist doch fraglich, ob es im Frühjahr 2020 tatsächlich eine ›Stunde der Exekutive‹ im Sinne einer provisorischen Handlungsermächtigung staatlicher Entscheidungsträger gab oder ob das staatliche Krisenmanagement nicht weitaus mehr durch widersprüchliche, inkonsistente und institutionell kleingearbeitete Ad-Hoc-Maßnahmenpolitiken (›Flickenteppich‹) gekennzeichnet gewesen ist. Dafür spricht jedenfalls die »labyrinthische Unübersichtlichkeit« (Schrappe et al. 2021: 30) der Maßnahmenpolitik. Sieht man einmal von der Frage nach dem faktischen Regierungshandeln ab (*action*) und richtet den Blick auf die praktizierten Kommunikationsstrategien (*talk*), dann fällt auf, dass in der Hochphase der Pandemie die staatlichen Maßnahmenpakete und Verordnungen, nicht nur, aber insbesondere auch in Deutschland, mit einer moralisch bis zum Äußersten aufgeladenen Politik der einfachen Worte flankiert worden sind. Diese Politik der einfachen Worte folgte einem Kausalschema, das in seiner apodiktischen, monoton-linearen Logik noch immer nachhallt: »Lockdowns retten Leben«, »Schulschließungen unterbrechen Infektionsketten«, »Ausgangssperren verhindern Ansteckungen« oder »Wir dürfen niemals die Gesichtsmaske infrage stellen« (Wieler, RKI). In Kombination mit den verstörenden Berichten und Bildern aus Wuhan und Bergamo wirkte die schiere Wucht dieser Rhetorik für viele selbsterklärend. Hinzu kam ein bis dato noch nicht erlebter medialer Aufmerksamkeitspegel, der über virologisch-medizinisches Expertenwissen und mathematisch-physikalische Modellierungen hinaus selbst für kritische Rückfragen anderer Disziplinen kaum Raum ließ. Erst im weiteren Verlauf der Pandemie stießen wissenschaftliche Expertisen auf mehr öffentliche Resonanz, in denen dafür plädiert worden ist, die vermuteten erwünschten Effekte der Eindämmungsmaßnahmen des Infektionsgeschehens in ein Verhältnis zu möglichen oder erwartbaren unerwünschten Maßnahmenfolgen zu stellen (vgl. exemplarisch Schippers, Ioannidis, Joffe 2022). Selbst noch zu Beginn des zweiten Pandemiejahres ließ sich die Politik der einfachen Worte kaum von seriösen, aber abweichenden Einschätzungen irritieren; selbst nicht davon, dass keineswegs alle Bevölkerungsgruppen in gleicher Weise bedroht seien (Ältere versus Kinder, Jugendliche und jüngere Erwachsene), die Zuverlässigkeit mathematischer Modellierungen über das zukünftige Infektionsgeschehen fragwürdig (vgl. Müller 2021) und die Effektivität der verordneten Maßnahmen zur Eindämmung gerade auch in Relation zu erwartbaren Kollateralschäden umstritten sei (vgl. Schrappe et al. 2021).

Je monströser die vermutete Bedrohung im Schockmoment eingeschätzt wurde (vgl. Ferguson et al. 2020), umso schwieriger wurde es, die Differenz zwischen dem, was in Pandemiezeiten öffentlich von Soziologinnen und Soziologen erwartet wird, zuallererst: appellative Stellungnahmen über die Bedeutsamkeit des »sozialen Zusammenhalts« und dem durchzuhalten, was das Fach in methodologisch kontrollierter Weise über Gesellschaften in Pandemien eigentlich aussagen kann. In den ersten beiden Pandemiejahren wurde das für die Soziologie immer schon latente Spannungsverhältnis zwischen der (politischen) Bürger- und (wissenschaftlichen) Beobachterrolle durch eine beispiellose Katastrophenwahrnehmung auf die Probe gestellt. Im Schockmoment der Krise schrumpfte sogar die Frage nach der legitimen Weltdeutung zu einer finalen Wahrheitsfrage, nicht nur in den Arenen von Politik und Öffentlichkeit, sondern auch selbst im Feld der wissenschaftlichen Disziplinen. Vor diesem Hintergrund ist es wenig überraschend gewesen, dass Fragen zur Effektivität und Verhältnismäßigkeit von Eindämmungsmaßnahmen wie Lockdowns, Schulschließungen, Ausgangssperren oder Maskenpflicht in Deutschland allenfalls partiell und dann auch nur tendenziös geführt werden konnten; etwa um den ›richtigen‹ Zeitpunkt des nächsten Lockdowns, um die ›notwendige‹ Dauer der Schulschließungen oder darum, auf welche Alltagsbereiche die Maskenpflicht ›zwingend‹ ausgedehnt werden müsse, kaum aber darum, ob allgemeine Lockdowns, Schulschließungen, Ausgangssperren oder restriktive Zugangsbeschränkungen zu öffentlichen Räumen (2G) überhaupt epidemiologisch zielführend seien. Noch im zweiten Pandemiejahr hat die in Politik und Massenmedien so populäre Rhetorik der einfachen Worte ein binäres Einfachdenken begünstigt, das nicht selten Züge einer Bekenntnisgemeinschaft annahm und das legitime Wissen über die Pandemie entlang des polarisierenden Schemas ›Lebensschützer‹ versus ›Lebensgefährder‹ semantisch skalierte. Selbst der eigentlich unverdächtige Hinweis, dass es auch in Pandemiezeiten nicht *die* wissenschaftliche Expertise gäbe, sondern es stets darum gehe müsse, welchen Disziplinen und Expertisen man aus welchen Gründen bei der Beurteilung der pandemischen Gefahrenlage oder der zu ergreifenden Eindämmungsmaßnahmen besondere Aufmerksamkeit schenke (Streeck 2021), konnte schnell die Grenzen des legitimen Debattenraumes austesten.

Was bedeutet das für die Soziologie? Die *Public Sociology*, der es um öffentliche Sichtbarkeit und Resonanz ihrer Expertise geht, stößt im Moment eines allgemeinen, alle Teilbereiche der Gesellschaft erfassenden Krisenschocks an die Grenzen des legitimen Debattenraums, sobald ein »autonomer Pol«

(Bourdieu) öffentlich eingenommen wird, um professionelle Distanz gegenüber populären Werturteilen (›Leben schützen um jeden Preis‹), medialen Krisendeutungen (›Killervirus‹) und politischer Krisenkommunikation (›Jahrhundertkatastrophe‹) zu wahren. Im Schockmoment einer Krise wird die methodologische Kompetenz der Soziologie ganz besonders herausgefordert, einen Standort zur Beobachtung von Gesellschaft einzunehmen, der es erlaubt, sich dem Sog bekannter sozialer Mechanismen (*Group thinking*, *Rally 'round the flag*) zu entziehen, die in Krisen mit existenziell wahrgenommenem Bedrohungspotenzial offensichtlich ganz besonders wirkmächtig sind.

Methodenkompetenz im Schockzustand

Im Gegensatz zu politisch willkommenen soziologischen Einlassungen über die Bedeutsamkeit des ›sozialen Zusammenhalts‹ wurde die Methodenkompetenz des Faches eigentlich im gesamten Verlauf der Krise ignoriert. Rainer Schnell und Menno Smid haben schon früh[11] die unzureichende Datenpolitik des Robert-Koch-Instituts (RKI) und die Fokussierung auf die tägliche oder kumulative Zahl bestätigter COVID-19-Fälle kritisiert. Sie legten in schonungsloser Deutlichkeit dar, dass es nicht nachvollziehbar sei, warum sich das RKI auf absolute Meldeinzidenzen von positiv Getesteten beschränken würde, ohne Einflussfaktoren wie Testanlässe und Testhäufigkeiten zu berücksichtigen, obendrein auf repräsentative Erhebungen zum Infektionsgeschehen verzichte und sich stattdessen auf unzuverlässige Erhebungsinstrumente verlasse. Schnell und Smid argumentierten, dass ein professionelles Pandemiemanagement ohne eine solide Datenbasis nicht möglich sei. Ungehört verhallten ihre frühen, mahnenden Empfehlungen, Licht in die Dunkelheit der behördlichen Datenwüste zur tatsächlichen Infektionsrate und zur Infektionsdynamik oder zu individuellen Infektionsrisiken zu bringen, auch differenziert nach gesundheitsbezogenen soziodemografischen und sozioökonomischen Merkmalen. In eindringlichen Worten schlugen Schnell und Smid im von Jutta Allmendinger und Armin Nassehi organisierten digi-

11 Einen Vortrag über »Methodische Probleme und Lösungen für eine epidemiologische Coronaforschung« hielten Schnell und Smid im Rahmen der WZB-Kolloqiumsreihe »Soziologische Perspektiven der Coronakrise« am 15. April 2020 (https://coronasoziologie.blog.wzb.eu/archiv/, vgl. auch Schnell, Smid 2020).

talen WZB-Kolloquium vier verschiedene Samples vor: *erstens* repräsentative, nach Bundesland und Ortsgröße geschichtete Prävalenzstichproben (n = 30.000), um den Anteil der Infizierten in der Bevölkerung zu identifizieren, *zweitens* Panel-Studien (n = 5.000), um tatsächliche Krankheitsverläufe und symptomfreie Verläufe von positiv getesteten Personen zu analysieren, *drittens* Post-Mortem-Stichproben (Covid-Neben- oder Hauptdiagnose, populär »im Zusammenhang« beziehungsweise »mit« versus »an«) sowie *viertens* sozialwissenschaftliche Zufallsstichproben unter der Allgemeinbevölkerung (n = 3.000), einschließlich älterer Menschen und sozioökonomisch benachteiligter Personen, um Einstellungen zu pandemiebedingten Maßnahmen und Folgebereitschaften empirisch zu messen. Selbst die Frage, ob Busfahrer oder Friseurinnen in exponierter Weise gefährdet sind, hätte man einfach und unkompliziert prüfen können, indem etwa bei Antigen-Schnell- oder PCR-Tests die aktuelle berufliche Position abgefragt worden wäre. Nichts von alledem ist in den ersten beiden Pandemiejahren in Deutschland geschehen. An der völlig unzureichenden Datenlage und Datenpolitik des RKI, gerade auch im europäischen Vergleich, hatte sich selbst im zweiten Pandemiejahr nichts Grundlegendes geändert.[12]

Es ist ein soziologisches Rätsel und zugleich eine offene Forschungsfrage, warum die maßgeblichen staatlichen Institutionen in Deutschland die einschlägigen Methoden der sozialwissenschaftlichen Statistik ignoriert und keine validen, repräsentativen Daten zur Pandemie produziert haben, kein evidenzbasiertes Maßnahmenmonitoring betrieben worden ist und man sich stattdessen auf spekulative mathematisch-physikalische Computermodellierungen verlassen hat, die offensichtlich von einer kulturell unterfütterten Annahme einer allgemeinen, universellen Gesundheitsbedrohung der gesamten Bevölkerung mit unbekanntem, exponentiellem und katastrophischem Potential ausgegangen sind. Unter dem selektiven Radar des Modellierungspositivismus blieb 2020 und 2021 vieles unbeobachtet, was eine Pandemie *in* Gesellschaft ausmacht, zuallererst die Bedeutung von sozialen Settings, Strukturen und Institutionen sowie lokalen kulturellen Praktiken für das Infektionsgeschehen, vor allem auch die unerwünschten nichtintendierten Folgewirkungen einer restriktiven nicht-pharmazeutischen Maßnahmenpolitik. In der Rückschau mutet es fast schon bizarr an, dass die Pandemie als »sozial strukturloses« biomedizinisches Naturereignis kommuniziert worden

12 Vgl. demgegenüber die seit Mai 2020 regelmäßig durchgeführten Seroprävalenzstudien in Großbritannien (Office of National Statistics 2022), für die Schweiz siehe Corona Immunitas (2022).

ist, mit klarer Rollenverteilung: die Gesellschaft als »Herde«, die Politik als »Hirte« und der Bürger als »Schaf«, um eine pointierte Formulierung von Streeck (2021) aufzugreifen. Bemerkenswerterweise prägten auch noch im zweiten Pandemiejahr gutgemeinte, aber illusionäre Narrative (*jeder Covid-Tote ist ein Toter zu viel*) den politisch-medialen Debattenraum, während unbequeme Tatbestände der Immunologie und Infektiologie (*alle werden sich über kurz oder lang infizieren, Geimpfte wie Ungeimpfte, Gesunde wie Vulnerable*) nur zögerlich zur Kenntnis genommen worden sind.

Selbstbegrenzung und die Kernkompetenz der Soziologie

Die Pandemieberatung ist im Frühjahr 2020 durch ein soziales Phänomen gekennzeichnet gewesen, das man als undisziplinierte Extradisziplinarität[13] bezeichnen könnte. Im Schockmoment der Krise ist die apokalyptische Katastrophenwahrnehmung kaum noch steigerbar. Je unzweifelhafter die angenommene Faktizität einer universellen Gesundheitsbedrohung – auch jenseits von Lebensalter und Vulnerabilitätsstatus – kollektiv geteilt wird, umso naheliegender ist es auch, wenn sich exponierte Wissenschaftlerinnen und Wissenschaftler gleich welcher disziplinären Ausrichtung dazu berufen fühlen, auch weit über die eigentliche fachwissenschaftliche Expertise hinaus, in die Rolle eines öffentlichen Experten für allgemeine, auch politische und moralische Fragen der Pandemiepolitik zu schlüpfen, um den befürchteten *worst case* abzuwenden.[14] In einer solchen, politisch-sozial bis zum Äußersten aufgeheizten Ausnahmesituation, stehen nicht nur politische Entscheidungsträger unter immensen Zeitdruck, sondern gleichermaßen alle möglichen Beraterstäbe. Schließlich möchte sich kein öffentlicher Experte dem impliziten Vorwurf gegenübersehen, nicht alles dafür zu tun, um ›Leben zu retten‹. Angesichts einer solchen Konstellation kann es kaum überraschen, dass die basalen Tugenden der sozialwissenschaftlichen Methodologie[15] und davon ableitbare Gütekriterien unter die Räder eines allumfassenden Bedrohungsnarrativs geraten können. Im Schockmoment der Krise zeigt sich

13 Diese Formulierung verdankte ich einer mündlichen Bemerkung von Felix Tretter.

14 Zum »benevolenten Paternalismus« vgl. Münch (2022: 51 ff.).

15 Skeptizismus, Ergebnisoffenheit, relationales Denken, kontraintuitive Aufmerksamkeit, Kontrolle von politisch-moralischer Voreingenommenheit, Überprüfung der Nullhypothese und so weiter.

die undisziplinierte Extradisziplinarität des Expertenstatus beispielsweise darin, dass Laborvirologen pädagogische Ratschläge für ein verantwortbares Alltagsverhalten geben, Mediziner Populärpsychologie betreiben, Philosophinnen und Ethiker vor der biomedizinischen Infektiosität des Virus warnen, Physikerinnen in eindringlichen öffentlichen Appellen die sofortige Schließung von Schulen und Kindergärten fordern, mathematische ›Komplexitätsforscher‹ die nichtintendierten Folgen von Eindämmungsmaßnahmen einfach ignorieren oder Soziologen Maskenempfehlungen aussprechen, Mutmaßungen über die biomedizinische Dynamik des zukünftigen Infektionsgeschehen anstellen und daraus konkrete politische Handlungsempfehlungen kausal ableiten.

Gerade auch im Ausnahmezustand eines extranormalen Schockzustands gibt es gute Gründe, jeder Versuchung zu einer extradisziplinären Kompetenzüberschreitung zu widerstehen und an der disziplinären Kernkompetenz der Soziologie festzuhalten. Extranormale Zeiten wie eine Pandemie stellen einen Testfall für die methodologische Selbstbindung des Faches dar, nicht wohlmeinendes politisches Unternehmertum zu betreiben, sondern in der Rolle eines wissenschaftlichen Beobachters von Gesellschaft zu verbleiben. Aus der soziologischen Beobachterrolle wird dann besser erkennbar, vor allem auch über die Tage des Schockzustands hinaus, worin die bio-soziale Komplexität einer Pandemie eigentlich besteht.[16] Wohlmöglich können dann die blinden Flecke des biologistischen Einfachdenkens extradisziplinärer Experten (›Lockdowns retten Leben‹), die schiere Unterkomplexität einer dramatischen Krisendiagnose (*No-Covid*) und die nichtintendierten Effekte einer als alternativlos wahrgenommen Maßnahmenpolitik besser sichtbar gemacht werden.

Aus der soziologischen Beobachterrolle von Gesellschaft können keine Rückschlüsse über die virologische, epidemiologische oder biomedizinische Richtigkeit der ergriffenen Eindämmungsmaßnahmen vorgenommen werden. Die Soziologie verfügt über keine theoretischen und methodischen Werkzeuge, um das Gefährdungspotential eines Virus und das Erkrankungsrisiko des Wirts einzuschätzen oder um die Angemessenheit unterschiedlicher staatlicher Pandemiestrategien (etatistisch-paternalistisch versus liberal) zu beurteilen. Letztlich handelt es sich bei der Frage nach der »richtigen« Pandemiepolitik um ein Werturteilsfrage, die nicht wissenschaftlich, sondern

16 Viruseigenschaften, Wirtseigenschaften, soziale und institutionelle Umgebungseigenschaften, vgl. hierzu Schrappe et al. (2021).

nur politisch-normativ entscheidbar und ethisch zu begründen ist,[17] da konfligierende Zielbestimmungen[18] gegeneinander abzuwägen sind (vgl. hierzu jüngst Lewis 2022). Auch in einer Pandemie besteht die Kernkompetenz des Faches nicht darin, plakativ für ›Solidarität‹ zu werben, an den ›sozialen Zusammenhalt‹ zu appellieren oder nichtpharmazeutische Maßnahmen politisch zu befürworten beziehungsweise zu kritisieren. Vielmehr sehe ich die soziologische Kernkompetenz auch im Krisenmodus darin, biologistische Krisendiagnosen in ein *soziales Verhältnis* zu setzen,[19] die *gesellschaftlichen* Voraussetzungen und Wirkungen von Maßnahmen zur ›Kontrolle‹ der Pandemie in den Mittelpunkt zu rücken und möglichst von Beginn an darauf aufmerksam zu machen, dass eine umsichtige Pandemiepolitik immer auch die schon früh absehbaren nichtintendierten Nebenfolgen[20] bedenken sollte. Warum sollte die in normalen Zeiten eigentlich selbstverständliche und vielfach bewährte disziplinäre Selbstbegrenzung der Soziologie in außeralltäglichen Zeiten keine Geltung mehr besitzen, nur weil im Schockmoment der Krise in extradisziplinären Expertengruppen die Auffassung vertreten wird, wie Bude am Beispiel des informellen Beratungsgremiums des Bundesinnenministeriums berichtet, dass man »überhaupt nichts« über die Folgen einer weitgehenden »Stillstellung des öffentlichen Lebens« wisse und die wissenschaftliche Pandemieberatung eher mit dem ungewissen Ausgang einer »Apollo-13«-Mission zu vergleichen sei (Bude 2022: 248, 250)?

Literatur

Bambra, Clare / Riordan, Ryan / Ford, John / Matthews, Fiona 2020: The COVID-19 pandemic and health inequalities. Journal of Epidemiol Community Health, vol. 74, no. 11, 964–968. http://doi: 10.1136/jech-2020-214401, letzter Aufruf am 24. Oktober 2022.

17 Vgl. mögliche ethische Kriterien nach Jamrozik (2022): evidence, the least restrictive/harmful alternative, proportionality, equity, reciprocity, due legal process, transparency.

18 Zum Beispiel Maßnahmen zum Schutz der Gesundheit versus Vermeidung von nichtintendierten Kollateral- und Folgeschäden.

19 Vgl. zum sozial ungleichen Erkrankungsrisiko etwa Burström, Tao (2020), Bambra et al. (2020), Salisbury (2020).

20 Im Schul- und Bildungssystem, für die allgemeine Gesundheitsversorgung und psychosoziales Wohlergehen, die Zunahme sozialer und gesundheitlicher Ungleichheiten und so weiter.

Bendavid, Eran / Oh, Christopher / Bhattacharya, Jay / Ioannidis, John P. A. 2021: Assessing mandatory stay-at-home and business closure effects on the spread of COVID-19. European Journal of Clinical Investigation, vol. 51, no. 4, e13484. https://doi.org/10.1111/eci.13484, letzter Aufruf am 24. Oktober 2022.

BMI – Bundesministerium des Inneren 2020: Wie wir COVID-19 unter Kontrolle bekommen. https://www.abgeordnetenwatch.de/recherchen/informationsfreiheit/das-interne-strategiepapier-des-innenministeriums-zur-corona-pandemie, letzter Aufruf am 10. November 2022.

Bourdieu, Pierre 1988: Homo Academicus. Frankfurt am Main: Suhrkamp.

Bude, Heinz 2022: Aus dem Maschinenraum der Beratung in Zeiten der Pandemie. Soziologie. 51. Jg., Heft 3, 245–255.

Burström, Bo / Tao, Wenjing 2020: Social determinants of health and inequalities in COVID-19. European Journal of Public Health, vol. 30, no. 4, 617–618. https://doi.org/10.1093/eurpub/ckaa095.

Corona Immunitas 2022: Resultate von Corona Immunitas. https://www.corona-immunitas.ch/programm/resultate/, letzter Aufruf am 24. Oktober 2022.

ECB – European Central Bank 2020: Euro Area – Monetary Aggregate M3. https://sdw.ecb.europa.eu, letzter Aufruf am 13. Oktober 2022.

FAZ – Frankfurter Allgemeine Zeitung 2020: Corona-Kommunikation: Wie bringt man den Deutschen bei, wie schlimm es wirklich ist? www.faz.net/aktuell / politik/in-land/corona-wie-bringt-man-deutschen-den-ernst-der-lage-bei-16707527.html, letzter Aufruf am 24. Oktober 2022.

Ferguson, Neil M. / Laydon, Daniel / Nedjati-Gilani, Gemma / Imai, Natsuko 2020: Report 9: Impact of non-pharmaceutical interventions (NPIs) to reduce COVID-19 mortality and healthcare demand. Imperial College COVID-19 Response Team. https://doi.org/10.25561/7748, letzter Aufruf am 24. Oktober 2022.

Glasziou, Paul P. / Michie, Susan / Fretheim, Atle 2021: Public health measures for covid-19. BMJ, 375. https://doi.org/10.1136/bmj.n2729, letzter Aufruf am 24. Oktober 2022.

Habermas, Jürgen 2020: So viel Wissen über unser Nichtwissen gab es noch nie. Frankfurter Rundschau vom 10. April 2020. https://www.fr.de/kultur/gesellschaft/juergen-habermas-coronavirus-krise-covid19-interview-13642491.html, letzter Aufruf am 24. Oktober 2022.

Jamrozik, Euzebiusz 2022: Public health ethics: critiques of the »new normal«. Monash Bioethics Review, vol. 40, no. 1, 1–16. https://doi.org/10.1007/s40592-022-00163-7, letzter Aufruf am 24. Oktober 2022.

Kraemer, Klaus 2021: Kollektive Dissoziation. Wirtschaftliches Handeln im Lockdown. In Sarah Lenz / Martina Hasenfratz (Hg.), Capitalism unbound. Ökonomie, Ökologie, Kultur. Frankfurt am Main: Campus, 111–128.

Kraemer, Klaus 2022: How do state authorities act under existential uncertainty? Hypotheses on the social logic of political decision-making processes during the coronavirus pandemic. Culture, Practice and Europeanization, vol. 7, no. 1, 5–36.

Kulldorff, Martin / Sunetra, Gupta / Bhattacharya, Jay et al. 2020: Great Barrington Declaration. https://gbdeclaration.org/, letzter Aufruf am 24. Oktober 2022.

Lederer, Emil 2014 [1915]: Zur Soziologie des Weltkriegs. In Peter Gostmann / Alexandra Ivanova (Hg.), Schriften zur Wissenschaftslehre und Kultursoziologie. Texte von Emil Lederer. Wiesbaden: Springer, 101–130.

Lewis, Dyani 2022: What scientists have learnt from COVID lockdowns. Nature 609, 236–239. https://doi.org/10.1038/d41586-022-02823-4, letzter Aufruf am 24. Oktober 2022.

Müller, Bernhard 2021: Zur Modellierung der Corona-Pandemie. Eine Streitschrift. https://schrappe.com/ms2/index_htm_files/Thesenpap8_add.pdf, letzter Aufruf am 24. Oktober 2022.

Münch, Richard 2022: Die Herrschaft der Inzidenzen und Evidenzen. Regieren in den Fallstricken des Szientismus. Frankfurt am Main: Campus.

o. A. 2022: Übersterblichkeit: WHO-Autoren korrigieren Daten für Deutschland und Schweden. https://www.aerzteblatt.de/nachrichten/134232/Uebersterblichkeit-WHO-Autoren-korrigieren-Daten-fuer-Deutschland-und-Schweden, letzter Aufruf am 10. November 2022.

Office of National Statistics 2022: Coronavirus (COVID-19) latest insights: Antibodies. https://www.ons.gov.uk/peoplepopulationandcommunity/healthandsocialcare/conditionsanddiseases/articles/coronaviruscovid19latestinsights/antibodies, letzter Aufruf am 24. Oktober 2022.

Sachs, Jeffrey D. et al. 2022: The Lancet Commission on lessons for the future from the COVID-19 pandemic. The Lancet, vol. 400, no. 10359, 1224–1280. https://doi.org/10.1016/S0140-6736(22)01585-9, letzter Aufruf am 24. Oktober 2022.

Sachverständigenausschuss 2022: Evaluation der Rechtsgrundlagen und Maßnahmen der Pandemiepolitik. Bericht des Sachverständigenausschusses nach § 5 Abs. 9 IFSG https://www.bundesgesundheitsministerium.de/fileadmin/Dateien/3_Downloads/S/Sachverstaendigenausschuss/220630_Evaluationsbericht_IFSG_NEU.pdf, letzter Aufruf am 20. Oktober 2022.

Salisbury, Helen 2020: Poverty as a pre-existing condition. BMJ, vol. 371, m4607. https://doi.org/10.1136/bmj.m4607, letzter Aufruf am 24. Oktober 2022.

Schippers, Michaéla C. / Ioannidis, John P. A. / Joffe, Ari R. 2022: Aggressive measures, rising inequalities, and mass formation during the COVID-19 crisis: An overview and proposed way forward. Frontiers in public health, vol. 10, https://doi.org/10.3389/fpubh.2022.950965, letzter Aufruf am 24. Oktober 2022.

Schnell, Rainer / Smid, Menno 2020: Methodological problems and solutions in sampling for epidemiological COVID-19 research. Survey Research Methods, vol. 14, no. 2, 123–129. https://doi.org/10.18148/srm/2020.v14i2.7749, letzter Aufruf am 24. Oktober 2022.

Schrappe, Matthias / François-Kettner, Hedwig / Gottschalk, René / Knieps, Franz / Knipp-Selke, Andrea / Manow, Philip / Püschel, Klaus / Glaeske, Gerd 2021: Thesenpapier 8.0 zur Pandemie durch SARSCoV- 2/Covid-19: Pandemie als komplexes System – Steuerung der Epidemie durch Indikatoren-Sets – Kinder und Jugendliche in der Corona-Pandemie – Politik und Demokratie unter Pandemie-Bedingungen. MVF (Monitor Versorgungsforschung), 14. Jg., Heft 5, http://doi.org/10.24945/MVF.05.21.1866-0533.2337.

Sprenger, Martin 2020: Das Corona-Rätsel. Tagebuch einer Pandemie. Wien: Seifert.

Sprenger, Martin 2022: Corona – Des Rätsels Lösung? Faktencheck einer Pandemie Wien: Seifert.

Streeck, Wolfgang 2021: Wissenschaftlern folgen? Ja doch, aber welchen? Frankfurter Allgemeine Zeitung vom 11. Januar 2021, 13.

Talic, Stella et al. 2021: Effectiveness of public health measures in reducing the incidence of covid-19, SARS-CoV-2 transmission, and covid-19 mortality: systematic review and meta-analysis. BMJ, vol. 375, e068302. https://doi.org/10.1136/bmj-2021-068302, letzter Aufruf am 24. Oktober 2022.

University of Oxford / Global Change Data Lab 2022: Our World in Data. https://ourworldindata.org/coronavirus, letzter Aufruf am 2. November 2022.

Soziologie, 52. Jg., Heft 1, 2023, S. 26–35

Für das Leben lernen

Warum fehlt die Soziologie in der Schule?[1]

Jörg Strübing

Bei den »Benrather Gesprächen« der Friedrich-Naumann-Stiftung ging es am 16. Juni 2022 um die »Bedeutung soziologischer Forschung in Zeiten gefährdeter liberaler Demokratie«.[2] Anwesend waren der Staatssekretär im BMBF, Dr. Jens Brandenburg (FDP) und eine Reihe namhafter Soziologinnen und Soziologen, etwa Jutta Allmendinger, Gesa Lindemann, Hans-Peter Müller oder Rainer Diaz-Bone. Das ist erwähnenswert, weil wir gerade erleben mussten, wie eine in der letzten Legislaturperiode von der FDP gestellte Landesbildungsministerin sich in Nordrhein-Westfalen zum Ziel gesetzt hatte, die Soziologie als Ausbildungsbestandteil für Sozialkundelehrende herauszudrängen und das Fach auf Wirtschaft und Politik zu verengen. Die Ministerin ist Geschichte, doch das Problem bleibt.

Non scholae, sed vitae discimus deklamieren klassisch Gebildete gerne: Nicht für die Schule, sondern für das Leben lernen wir. Das klingt vernünftig, verbringen die meisten Gesellschaftsmitglieder doch weitaus mehr Zeit außerhalb als in der Schule. Die Schule gilt neben der Familie nicht umsonst als zentrale Sozialisationsinstanz, sie trägt entscheidend dazu bei, dass aus Kindern und Jugendlichen kompetente gesellschaftliche Akteure werden. Das ist zugleich auch der Anspruch des Systems schulischer Bildung in einer demokratischen und pluralen Gesellschaft. Ob dieser Anspruch eingelöst wird, kann sich aber erst in den Prozessen gesellschaftlicher Teilhabe erweisen, in die Schülerinnen und Schüler jenseits der Institution Schule eingebunden sind.

---

1 Mein Dank gilt den Mitgliedern des DGS-Ausschusses »Soziologie in Schule und Lehre«, von denen ich als bildungssoziologischer Laie viel lernen durfte.

2 www.youtube.com/watch?v=aU-Kj0yDCd4, zuletzt gestreamt am 3. Oktober 2023.

Dort erwartet Kinder und Jugendliche allerdings inzwischen viel Beunruhigendes und Verwirrendes. Eine scheinbar nicht abreißen wollende Kette gesellschaftlicher Krisen (Migration, Rechtsradikalismus, Corona, der russische Angriffskrieg in der Ukraine) und die darum sich entwickelnden Diskurse, gepaart mit der neuen Unübersichtlichkeit sogenannter sozialer Medien und einer sich immer weiter öffnenden Armut-Reichtum-Schere dringen tief in den Alltag nicht nur dieser Altersgruppen ein.

Damit stellt sich verschärft die Frage, wie die Schule an der Entwicklung der erforderlichen Problemlösungskompetenz mitwirken kann und soll und auf Basis welcher Qualifikationen sie diese Leistung erbringen kann. Denn es geht hier ersichtlich um mehr und anderes als die souveräne Eröffnung eines Girokontos oder den kompetenten Umgang mit dem Wahl-o-Mat. Gefragt ist vielmehr die Vermittlung beziehungsweise die nachhaltige Stärkung sozialer Kompetenzen für alle Ebenen und Dimensionen gesellschaftlichen Mit-Handelns. Eine nicht unvernünftige Erwartung an das institutionelle System Schule wäre daher, dass es seine Vermittlungskompetenz in diesem Bereich fortlaufend überprüft, auf den neuesten Stand bringt und vor allem ausbaut.

Wenn es um Fragen der Gesellschaftlichkeit, oder wie wir in der Soziologie gerne präziser formulieren: Fragen der Sozialität, geht, dann müssen wir mit Besorgnis zur Kenntnis nehmen, dass gerade die Wissenschaft, die sich mit diesen Fragen vorrangig und am umfassendsten beschäftigt, eben die Soziologie, in der Ausbildung von Lehrkräften über die Jahre eine immer geringere Rolle spielt – die von Ex-Ministerin Gebauer veranlasste Änderung der Lehramtszugangsverordnung des Landes Nordrhein-Westfalen im Jahr 2021 legt da ein beredtes Zeugnis ab. Wie kann es angehen, dass bei zunehmender gesellschaftlicher Verunsicherung in fast allen Dimensionen sozialen Lebens nun gerade soziologische Kompetenz, also die Fähigkeit »soziales Handeln deutend [zu] verstehen und dadurch in seinem Ablauf und seinen Wirkungen ursächlich [zu] erklären« (Weber 1980: 1), im Kontext Schule immer weiter hinter wirtschaftlicher und politischer Kompetenz, vor allem aber hinter den MINT-Fächern zurücktritt? Es fällt in dem Zusammenhang auf, dass die Bildungssoziologie bislang wenig bis nichts darüber weiß, mit welchem soziologischen Wissen, welchen Gesellschaftsbildern und welchen gesellschaftsanalytischen Kompetenzen junge Menschen die Schule verlassen. Auch die empirische Bildungsforschung klärt darüber bisher nicht auf.

Die Lage

Wie also steht es aktuell um die Verankerung der Soziologie in den Bildungsplänen der verschiedenen Schultypen und in den Modulhandbüchern der Lehramtsstudiengänge? Das ist, auch in dieser Zeitschrift, in den zurückliegenden Jahren bereits ausführlich berichtet worden (Müller, Keller 2020) und soll hier nicht noch einmal im Detail ausgebreitet werden. Grundsätzlich erschwert es der Bildungsföderalismus in Deutschland, ein einheitliches Bild von der Verankerung soziologischer Lehrinhalte im deutschen Schulsystem zu zeichnen. Die Bildungspläne und Schulkonzepte der Bundesländer unterscheiden sich teils gravierend voneinander. Das beginnt beim *Wording*: Das für uns vor allem relevante Schulfach heißt mal Gemeinschaftskunde, mal Sozialkunde, mal auch Gesellschaftslehre, mitunter auch Politik, Politik-Wirtschaft oder gar Sozialwissenschaften. Es ist als Hybridfach in Bezug auf wissenschaftliche Fachdisziplinen unterschiedlich zusammengesetzt und findet sich in unterschiedlichen Schultypen und Stufen, mit wechselnder Stundenzahl, als Pflicht-, Wahl- oder Wahlpflichtfach. Es enthält fast immer politik- und wirtschaftskundliche Anteile und ist oft auch noch für Berufsorientierung zuständig. Soziologisches Wissen findet sich in den Lehr- und Bildungsplänen des Faches höchstens am Rande. Vor allem wird es nicht in seinen fachlichen Zusammenhängen vermittelt, das heißt anders als Politik und Wirtschaft wird Soziologie nicht als eigenständiger Zugang zur Analyse gesellschaftlicher Problemlagen sichtbar und spielt in der sozialwissenschaftlichen Fachausbildung an den Universitäten und Pädagogischen Hochschulen in so gut wie keinem Bundesland eine nennenswerte Rolle. Das gilt im Übrigen, wie Gökbudak und Hedtke (2018: 13) in einer Studie für das Land Nordrhein-Westfalen feststellen, nicht allein für die Soziologie, sondern für die Vermittlung gesellschaftswissenschaftlicher Kompetenzen insgesamt und im Unterschied zur Repräsentation wirtschaftsbezogener Kompetenzen.

In die Lehramtsausbildung an Universitäten und Pädagogischen Hochschulen ist die akademische Soziologie zwar dennoch teilweise involviert, allerdings vor allem in den bildungswissenschaftlichen Anteilen. Dort jedoch wird keine systematische, theoretisch und methodisch analytische Soziologiekompetenz aufgebaut, die die angehenden Lehrer:innen in die Lage versetzen würde, soziologische Themen und Thematisierungsweisen im Unterricht zu vermitteln.

Konkurrenz der Disziplinen?

»Wozu Soziologie, wenn es Ökonomie gibt?«, formuliert Tilman Reitz (2022: 235) in einem anderen Zusammenhang. In Teilen unserer Nachbardisziplin Volkswirtschaftslehre lässt sich in der Tat eine solche Haltung beobachten. Bestärkt durch die Weiterentwicklung des Faches in Richtung auf die stärkere Einbeziehung gesellschaftlicher und politischer Aspekte in ihre Modellierungen, erscheint Vertreter:innen der Volkswirtschaftslehre Soziologie als in den Bildungsplänen und in der Lehramtsausbildung verzichtbar, solange nur das Fach Wirtschaft in hinreichendem Umfang verankert ist (Goldschmidt, Loerwald 2021). Insgesamt wird in vielen Debattenbeiträgen zum sozialwissenschaftlichen Unterricht in der Schule der Eindruck erweckt, dass Schule vor allem praktische und theoretische Wirtschaftskompetenz zu vermitteln habe.

Die Bedeutung dieser beiden Kompetenzfelder für jene souveränen Staatsbürger:innen, die zu formen die Institution Schule einen gesellschaftlichen Auftrag hat, ist unbestritten. Aber ist sie auch hinreichend? Decken Wirtschafts- und Politikwissenschaft alle relevanten Fragen ab, mit denen sich Schülerinnen und Schüler gegenwärtig und in der Zukunft kompetent werden auseinandersetzten müssen? Lernen sie zum Beispiel, wie Wissen in sozialen Feldern entsteht, wie es transformiert wird und wie es in sozialen Prozessen Wirkung entfaltet? Wird ihnen fassbar vermittelt, welche Bedeutung Bildungsarmut für Partizipationschancen im demokratischen Gemeinwesen hat? Ist eine Schule ohne soziologische Kompetenzen ein angemessener Lernort für Fragen der Inklusion, der Globalisierung oder der Migration?

All das darf füglich bezweifelt werden. Und es geht hier durchaus nicht nur um das Verhältnis soziologischer Kompetenz zu politikwissenschaftlichen und wirtschaftswissenschaftlichen Fachanteilen. Umfang und Qualität schulischen Lernens finden ihre Grenzen in der Aufmerksamkeitsspanne der Lernenden, vor allem aber in der eingeschränkten Verfügbarkeit zeitlicher und personeller Ressourcen der Schulen. Um dieses knappe Gut konkurrieren die Teilhabe-Ansprüche der verschiedenen Fächer. Neben der in den letzten Jahren zu beobachtenden Fokussierung auf Wirtschaftskompetenz hat vor allem die verstärkte Konzentration auf die sogenannten MINT-Fächer den schulischen Fächerkanon auf der gesellschaftswissenschaftlichen Seite und den *Humanities* eher beschnitten. Die politische Begründung dafür lieferte in der Regel das Narrativ vom Fachkräftemangel und der Bedeutung der Naturwissenschaften für den »Innovationsstandort Deutschland«. (BMBF o.J.) Mitunter war auch ein negativer Affekt gegenüber mutmaßlich

›linken‹ Fächern wie Politik und Soziologie zu beobachten. Die Privilegierung der MINT-Fächer in der schulischen Ausbildung ist auch deshalb besonders fragwürdig, weil natürlich nicht alle Schulabgänger:innen Chemiker:innen, Biolog:innen, Ärzt:innen oder Ingenieur:innen werden, alle Schüler:innen aber als Gesellschaftsmitglieder mit ihrem Wissen, ihrer Reflexionsfähigkeit, Motivation und Initiative tagtäglich die Zukunft unseres demokratischen Gemeinwesens mitgestalten.

Das Problem ist also ein doppeltes: Erstens hat soziologisches Wissen im Fach Sozialkunde/Gesellschaftslehre/Gemeinschaftskunde in so gut wie keinem Bundesland einen angemessenen Fachanteil, zweitens steht das gesamte sozialwissenschaftliche Kompetenzfeld zunehmend in Konkurrenz zu anderen, insbesondere mathematisch-naturwissenschaftlichen Fächern – zumal, wenn es um eine Ausweitung der Fachanteile am gesamten Bildungsplan geht.

Verstörende Kontinuität der Befunde

Nun könnte man einwenden, das Problem sei nicht neu, denn auf die drohende Marginalisierung der Soziologie in der politischen Bildung wies Michael Meuser bereits vor 25 Jahren hin (Meuser 1997). Und Bettina Zurstrassen beklagte 2012 die zunehmende Ausweitung ökonomischer Lehrinhalte auf Kosten soziologischer Inhalte im schulischen Unterricht, denn gerade die damit aus dem Unterricht ausgeblendete Beschäftigung »mit soziologischen Theorien eröffnet den Lernenden einen analytisch-abstrahierenden Blick auf gesellschaftliche Phänomene und den Erwerb sozialen Orientierungswissens« (2012: 401). 2018 schließlich formulierte Reiner Keller in dieser Zeitschrift im Rahmen eines Symposions »Soziologie und Schule«:

> »Das, was man ›gesellschaftliche Bildung‹ nennen könnte, also ein soziologisch-reflexives Wissen über soziale bzw. gesellschaftliche Mechanismen, Prozesse, Strukturbildungen und Zusammenhänge, wird in den schulischen Curricula seit geraumer Zeit in den Hintergrund gerückt bzw. durch individuumszentrierte Lehrinhalte ersetzt, welche die Schülerinnen und Schüler als zukünftige unternehmerische und konsumerische Subjekte, als RechtsträgerInnen und als WahlbürgerInnen adressieren.« (Keller 2018: 36)

Diese im Kern gleichlautenden Diagnosen aus dem Fach gibt es also seit mindestens einem Vierteljahrhundert und sie sind von verstörender Aktualität. Denn es handelt sich nicht um irgendein Vierteljahrhundert, sondern eines, das uns eine Eskalation an gesellschaftlicher Krisenhaftigkeit und eine zunehmend grundsätzliche Erosion des Vertrauens in die Stabilität gesellschaftlicher Verhältnisse und in die Beherrschbarkeit sozialer Prozesse gebracht hat. Gerade vor diesem Hintergrund muss die sukzessive Verschiebung der schulischen Lehrschwerpunkte in Richtung Wirtschaft, Informatik und Naturwissenschaften alarmieren. Zugleich muss die Bildungspolitik sich die Frage gefallen lassen, warum die Anpassung der Institution Schule in diesem Punkt so sträflich vernachlässigt wurde.

Noch ein guter Grund für Soziologie in der Schule

Der Sinn einer breiteren Implementierung soziologischer Denkweise, Methoden und Inhalte im schulischen Kontext und – dem immer vorausliegend – in der Lehramtsausbildung der Universitäten liegt ohne Zweifel primär darin, Heranwachsenden robuste Problemlösungsfähigkeit für gesellschaftliche Problemlagen zu vermitteln, sie krisenfest zu machen und für gesellschaftliche Prozesse zu sensibilisieren, ihnen also die nötigen Fähigkeiten zu Reflexion, Perspektivierung und Einordnung mit auf den Weg zu geben. Dazu braucht es Lehrkräfte, die Soziologie in einem Umfang studiert haben, der sie ein Bewusstsein der fachlichen Perspektive hat erwerben lassen, die also selbst soziologisch denken und gesellschaftliche Probleme mit den analytischen Mitteln und Begriffen unseres Faches bearbeiten können. Nur dann kann der Transfer gelingen. Grund genug also, sich für eine deutlich stärkere Implementierung der Soziologie im schulischen Fachunterricht und damit auch in der Ausbildung von Lehrkräften an Universitäten und Pädagogischen Hochschulen einzusetzen.

Für die Soziologie gibt es darüber hinaus aber auch ein sehr vernünftiges Eigeninteresse, eine von unserem Fach mitgetragene Lehramtsausbildung nicht als notwendiges Übel, sondern als Chance zu verstehen: Soziologie ist in der Gesellschaft, insbesondere aber unter Schüler:innen nicht gut bekannt. Oft wird sie – Studienberater:innen können eine Lied davon singen – mit Sozialarbeit konfundiert, oder als Synonym für *das Soziale* verstanden. Das hat seinen Grund nicht allein in einer mangelnden Vermittlung der Spezifik soziologischer Analyseperspektiven in der Öffentlichkeit, sondern ist auch dem Umstand geschuldet, dass Schüler:innen Soziologie im Unterricht nicht als eine eigene fachliche Identität erleben: Weder steht sie als Schulfach im Unterrichtsplan, wie Mathematik, Biologie, Chemie oder mitunter auch

Wirtschaft und Ethik, noch ist sie im sozialwissenschaftlichen Unterricht als eigenständige, von spezifisch ausgebildeten Lehrkräften unterrichtete fachliche Perspektive erfahrbar.

In der Rekrutierung von Studienbewerber:innnen für unser Fach ist das ein erheblicher Wettbewerbsnachteil. Schüler:innen fehlt in der Regel eine klare Vorstellung von Soziologie und ihrer Relevanz. Warum aber sollte man etwas studieren, von dem man nicht so recht weiß, was es ist und wozu man es später einmal brauchen kann?

Nun müsste man sich über diesen Zusammenhang wenig Gedanken machen, wenn die Bewerber:innen noch so zahlreich in unsere Studiengänge strömen würden, wie es in den 1970er und 1980er Jahren üblich war. Doch diese Zeiten sind längst vorbei. Eine im Mai 2022 von der Geschäftsstelle der DGS durchgeführte Datenabfrage unter den deutschen Soziologieinstituten zeigt einen besorgniserregenden Trend, den viele Kolleg:innen auch aus ihren eigenen Universitäten nachvollziehen können: Die Zahl der Bewerbungen im BA geht auf breiter Front eher zurück, viele Master-Programme leiden unter zu geringer Nachfrage. Waren viele Soziologiestudiengänge bislang häufig mit Zulassungsbeschränkungen versehen, so werden diese von den Ministerien inzwischen gerne mal kassiert – ohne dass es dadurch zu Engpässen bei der Studienplatzvergabe kommt. Das hat zwei negative Konsequenzen für die Soziologie als universitäres Fach: Zunächst fehlt uns die Möglichkeit, über Zulassungsbeschränkungen auch Auswahlverfahren aufrecht zu erhalten, um möglichst leistungsfähige und einschlägig motivierte Studierende zu gewinnen – worunter im Zweifel die Qualität von Lehrveranstaltungen leiden kann, vor allem aber die Gewinnung von exzellentem wissenschaftlichem Nachwuchs für die Forschung. Die zweite problematische Konsequenz – und hier geht es ans ›Eingemachte‹ – betrifft die ressourcielle Ausstattung unserer Institute. Denn getrieben von Landesvorgaben berechnen Universitäten die Finanzausstattung der Institute zunehmend nach Einschreibe- und Absolvent:innenzahlen. Sinkende Studierendenzahlen führen zu sichtbaren finanziellen Einbußen mit der Folge sinkender Attraktivität soziologischer Institute.

Es liegt also im ureigensten Interesse soziologischer Institute, sich in der Lehramtsausbildung zu engagieren, denn schon dadurch würden der Soziologie bei der Berechnung der Kapazitäten zusätzliche Studierende zugerechnet werden, was Lehrdeputate absichert oder gar für deren Ausbau sorgen kann. Mittel- und langfristig aber würde auch dem Fach Soziologie als akademisches Studienfach auf dem Umweg über eine bessere Sichtbarkeit in den Schulen zu mehr Attraktivität verholfen.

Was tut die DGS?

Die DGS und insbesondere ihr Ausschuss für »Soziologie in Schule und Lehre« befassen sich bereits seit einer ganzen Reihe von Jahren mit dem Problem der mangelnden Repräsentanz unseres Faches in der Schule.

In der aktuellen Wahlperiode hat der Ausschuss sich zunächst kritisch gegen die vom nordrhein-westfälischen Wissenschaftsministerium initiierte Änderung der Lehramtszugangsverordnung engagiert. Neben einer veröffentlichten Stellungnahme des DGS-Vorstandes (Blättel-Mink 2020) habe ich auf Einladung der SPD-Fraktion am 11. Mai 2021 an einer Expert:innenanhörung im Schul- und Wissenschaftsausschuss des Landtags teilgenommen und dort Argumente gegen die Exklusion der Soziologie aus der Lehramtsausbildung vertreten.

Die Änderung wurde von der Landesregierung damals dennoch beschlossen, wird nun aber – auch nachdem wir noch einmal schriftlich an die bildungspolitischen Sprecher:innnen der Parteien in Nordrhein-Westfalen appelliert hatten – von der schwarz-grünen Landesregierung offenbar im Wesentlichen rückabgewickelt. Um das Problem der fehlenden Repräsentation von Soziologie im Fächerkanon der Schulen bundesweit zu adressieren und auf fachpolitischer Ebene ein Problembewusstsein zu schaffen, hat der Ausschuss ein Papier zu »Mindeststandards soziologischer Bildung« (DGS 2022) verfasst, das mit einem Begleitschreiben des DGS-Vorstands am 10. Oktober 2022 an die Schul- und Wissenschaftsministerien der Länder sowie an die Kultusministerkonferenz versandt wurde.

Zugleich versuchen wir Gesprächskanäle zum Wissenschaftsministerium der grün-schwarzen Landesregierung in Baden-Württemberg zu etablieren, um dort direkt die Möglichkeiten einer entsprechenden politischen Initiative auszuloten. So sollen nach und nach in allen Bundesländern, bei denen wir eine gewisse Offenheit gegenüber unserem Anliegen vermuten, Kontakte etabliert und Gespräche aufgenommen werden. Allerdings ist diese politische Aufgabe nicht allein vom DGS-Vorstand und dem Ausschuss »Soziologie in Schule und Lehre« zu bewältigen. Wir sind dringend auf Unterstützung aus den soziologischen Instituten in den verschiedenen Bundesländern angewiesen.

Zu diesem Zweck hat der Ausschuss Anfang Oktober 2022 zunächst alle soziologischen Institute in Niedersachsen angeschrieben und zu einem Online Gesprächsforum zu Stand und Perspektiven der Beteiligung der Soziologie an der niedersächsischen Lehramtsausbildung eingeladen. Das Gespräch hat am 4. November 2022 stattgefunden und zu einem lebendigen Austausch geführt. Die anwesenden Kolleg:innen aus Niedersachsen haben sich für eine interne Vernetzung zu diesem Thema verabredet. Flankierend hat der Vorstand gleich im Anschluss an die Landtagswahlen in Niedersachen und aus Anlass der bevorstehenden Koalitionsverhandlungen in einem Schreiben an die bildungspolitischen Sprecher:innen der Parteien auf unser Anliegen hingewiesen. Der Ausschuss beabsichtigt in nächster Zeit Online-Treffen mit Kolleg:innen in weiteren Bundesländern anzustoßen.

Es ist ein dickes Brett, das da zu bohren ist, aber mit Blick sowohl auf die Befähigung junger Menschen für die Bewältigung einer von multiplen Krisen geprägten Gegenwart und – absehbar – Zukunft als auch auf die Zukunft der deutschen Soziologie ist es alle Mühe wert.

Literatur

Blättel-Mink, Birgit 2020: Kritik an der Marginalisierung von Soziologie im Lehramtsstudium für sozialwissenschaftliche Schulfächer in Nordrhein-Westfalen. Stellungnahme der DGS zum Änderungsentwurf zur Lehramtszugangsverordnung in Nordrhein-Westfalen vom 15. Dezember 2020. https://soziologie.de/dgs/ausschuss-soziologie-in-schule-und-lehre/news/kritik-an-der-marginalisierung-von-soziologie-im-lehramtsstudium-fuer-sozialwissenschaftliche-schulfaecher-in-nordrhein-westfalen, letzter Aufruf am 10. November 2022.

BMBF – Bundesministerium für Bildung und Forschung o.J.: Innovationsstandort Deutschland. https://www.bmbf.de/bmbf/de/europa-und-die-welt/innovationsstandort-deutschland/innovationsstandort-deutschland_node.html, letzter Aufruf am 3. November 2022.

DGS 2022: Soziologie für alle. Mindeststandards für die soziologische Bildung. https://soziologie.de/dgs/ausschuss-soziologie-in-schule-und-lehre/news/soziologie-in-der-schule, letzter Aufruf am 10. November 2022.

Gökbudak, Mahir / Hedtke, Reinhold 2018: 17 Minuten Politik, 20 Sekunden Redezeit. Daten zum Politikunterricht in der Sekundarstufe I in Nordrhein-Westfalen. Didaktik der Sozialwissenschaften. Working Papers, Universität Bielefeld, Fakultät für Soziologie. https://pub.uni-bielefeld.de/download/2915174/2932564/G%C3%B6kbudak_Hedtke_WP%20-6%2017%20Minuten.pdf, letzter Aufruf am 3. November 2022.

Goldschmidt, Nils / Loerwald, Dirk 2021: Viel Lärm um die ökonomische Bildung in Nordrhein-Westfalen. Frankfurter Allgemeine Zeitung vom 6. Februar 2021, 20.

Keller, Reiner 2018: Gesellschaftliche Bildung in unruhigen Zeiten. SOZIOLOGIE, 47. Jg., Heft 1, 36–38.

Meuser, Michael 1997: Auf dem Weg zur marginalen Soziologie? Strategien gegen eine Verdrängung aus der politischen Bildung. In Siegfried Lamnek (Hg.), Soziologie und politische Bildung. Opladen: Leske und Budrich, 241–260.

Müller, Stefan / Keller, Reiner 2020: Politische Bildung mit soziologischem Blick: Gesellschaft verstehen und gestalten. Journal für Politische Bildung, Heft 1, 10–15.

Reitz, Tilman 2022: Funktionen der Soziologie. Eine wissenssoziologische Einführung, Weinheim und Basel: Beltz Juventa.

Weber, Max 1980: Wirtschaft und Gesellschaft: Grundriss der verstehenden Soziologie, Tübingen: Mohr.

Zurstrassen, Bettina 2012: Soziologische Theorie im Unterricht. Gesellschaft entdecken durch soziologische Theorieanalyse. Gesellschaft – Wirtschaft – Politik, Heft 3, 401–414.

Soziologie, 52. Jg., Heft 1, 2023, S. 36–49

Zugutachterei

Bedingungen und Folgen korruptiver Nachsicht

Friedhelm Neidhardt[1]

Gutachter und Gutachterinnen sind nicht für Glaubensfragen zuständig, sondern für Angelegenheiten, die auf dieser Welt prinzipiell entscheidbar sind. Ihre Bezugsdisziplin ist die Wissenschaft. Auch bei dieser kommt vielerlei ins Spiel, was schwer, endgültig vielleicht gar nicht zu entscheiden ist: die Entstehung der Welt, der Untergang Roms, viele Krankheiten der Menschen – zum Beispiel. Ich interessiere mich im Folgenden für die gutachterlichen Tätigkeiten, deren Gegenstand von sozialem und politischem Interesse ist. Da geht es um die Aufklärung von Verbrechen, die Qualität von Waren, die Schadensschätzung bei Unfällen, die Korrektheit von Steuererklärungen, die Bewertung von Forschungsanträgen – zum Beispiel. Mit ihnen verbinden sich Aufgaben, für deren Klärung professionelle Kennerschaft Voraussetzung ist.

Offenbar ist die Bedeutung von Experten in der Moderne gestiegen. Dies nicht nur, weil sich die Erkenntnisinteressen der Menschen ausbreiteten, sondern auch weil die Fähigkeit der Wissenschaften gewachsen ist, Antworten zu erforschen. Da gleichzeitig auch die Möglichkeiten von Täuschungen gewachsen sind, ist die Nachfrage nach Spezialisten gestiegen, die nicht nur Expertise, sondern auch Glaubwürdigkeit besitzen; es besteht heute ein Bedarf an integrer Sachverständigkeit. Erst wenn Gutachter dafür stehen, können sie die Menschen auch gegen die umlaufende Flut an fragwürdiger Reklame abhärten, mit der alle möglichen Einrichtungen und Personen ihre Interessen zu verkaufen trachten. Da deren Kapital oft dafür sorgt, dass auch die Geschäftsbedingungen für die Erfindung und den Vertrieb von Unwahrheiten attraktiv wurden, ist die nachhaltige Wirksamkeit

1 Dem Freund Jürgen Gerhards zur Abschiedsfeier vom Institut für Soziologie der Freien Universität Berlin am 1. Juli 2022 gewidmet.

von Gutachterei problematisch geworden, problematisch sogar die Integrität der Gutachter selber. Die Bedingungen, die dabei eine Rolle spielen, sollen im folgenden Essay angesprochen werden.

Opportunitätskosten des Neinsagens

Die spezielle Aufgabe der mich interessierenden Gutachter besteht darin, die Qualität von Gegenständen und die Leistungen von Personen und Einrichtungen möglichst gut zu ermitteln und darzustellen. Ihre besondere Aufgabe liegt nicht darin, selber verbindliche Urteile zu erlassen. Der Rekurs auf Wissenschaft soll die Wahrheitsfrage, wo immer das geht, entscheidbar halten. Ihre politische Funktion besteht dann vor allem darin, drohende Gefahren sowohl den Bürgern als auch der Politik anzuzeigen sowie die Verbraucher vor dem trügerischen Selbstlob der Produzenten und Dienstleister zu schützen.

Da es sich bei dieser Tätigkeit nicht vermeiden lässt, dass einige der Geprüften mit ihren Behauptungen und Angeboten schlechter abschneiden als andere, ist eine Kritik an Gutachtern verbreitet. Wenn Geprüfte gute Noten erhalten, erscheint ihnen das in der Regel verdient und gerecht. In anderen Fällen aber finden die Betroffenen das Verfahren, die Schiedsrichter und deren Urteil oft unfair, und sie neigen deshalb eher als die Gewinner zur Beschwerde. Gegen die Verallgemeinerung ihrer Kritik spricht allerdings der Umstand, dass Gutachter oft die Tendenz haben, eher zu freundlich als zu streng zu urteilen. Es dürfte für den Sozialverkehr deshalb nicht immer falsch sein, von Gutachtern als »Zugutachtern« zu sprechen. Dies ließe sich, wo es stimmt, schon auf den Umstand zurückführen, dass Gutachter bei der stark gestiegenen Nachfrage nach Gutachterei oft überlastet sind und dass sie Zeit sparen, wenn sie bei ihren Urteilen zustimmen statt abzulehnen. Es gibt eine Sozialökonomie des Gutachterwesens (Mulligan, Hall, Raphael 2013), und bei ihr zählen neben allem sonstigen die Opportunitätskosten des Neinsagens; bei Ablehnungen steigt, denkt man an die Betroffenen, der Begründungsbedarf. Ich habe dafür Belege bei einem Projekt gefunden, bei dem ich mit Kölner Mitarbeitern in den siebziger Jahren unter anderem 757 Gutachten für die Deutsche Forschungsgemeinschaft in den Fächern Elektrotechnik, Psychologie, Wirtschaftstheorie und Politikwissenschaft erhoben und analysiert habe. Ablehnende Gutachten, so stellte sich unter anderem heraus, waren im Schnitt deutlich länger als zustimmende Gutachten (Neidhardt 1988: 114 ff.). Offensichtlich lohnt es sich für Gutachter, kulant zu sein. Wie stark dies auf ihre Urteile durchschlägt, hängt allerdings von den Umständen ab, unter denen die Gutachterei stattfindet.

Natürlich vollzieht sich die Bewertung von Personen und ihren Tätigkeiten in aller Regel nicht unabhängig von der geprüften Qualität dieser Personen und Tätigkeiten, und die meisten Gutachter sind sicher korrekte Ermittler und Darsteller. Es geschieht aber immer wieder, dass sie auch schlechte Ware hochpreisen und dass sie bei einer Postenvergabe ungeeignete Kandidaten über den grünen Klee loben. In solchen Fällen wird nicht nur der geringe Aufwand der Urteilsbildung die Ursache von Fehleinschätzungen sein. Das Ja oder Nein wird in solchen Fällen weniger von der Sorgfalt der Gutachter als von den sozialen Eigenheiten und Organisationsbedingungen der Gutachterei abhängen – und dabei dürften die Beziehungsverhältnisse zwischen den relevanten Rollenspielern zentral sein. Hier kommt Soziologie ins Spiel.

Begutachtungen vollziehen sich unmittelbar zwischen Prüflingen und Prüfern. Die Aufgabe der Prüfer ist es, die Leistungsfähigkeit der Prüflinge und ihrer Angebote am Beispiel bestimmter Fälle zu ermitteln und darzustellen. Ob dies gelingt, hängt natürlich nicht zuletzt von der Leistungsfähigkeit der Prüfer selber ab; sie müssen das Handwerk verstehen, dass sie prüfen sollen. Ist ihre Expertise grundsätzlich vorhanden, muss sie aber auch fachgerecht angewendet werden. Das aber hängt davon ab, ob und wie sich Dritte mit ihren Interessen in das Verhältnis zwischen Prüfling und Prüfer einmischen – zum Beispiel der Staat oder die Sprecher einer irgendwie betroffenen Öffentlichkeit, oder vorhandene Konkurrenten, eventuell auch Gerichte, an die sich unzufriedene Prüflinge oder andere Betroffene manchmal wenden. Da geht es um rechtliche Bestimmungen und wirtschaftliche Einmischungen, vielleicht auch um moralische Skandalisierungen und lautstarke Proteste. Gutachterei ist eingebettet in komplexe Rollenverhältnisse von mehreren Akteuren. Der Ausgang ihrer Streitigkeiten wird letztlich durch das zu klären sein, was in der Politik »Gewaltenteilung« heißt, also durch die wechselseitige Kontrolle unterschiedlicher Verantwortungsträger. Die Analyse der Gutachterei greift zu kurz, wenn sie sich allein auf die individuellen Beziehungen zwischen Prüfling und Prüfer versteift. Man muss eruieren, wer wie in deren Verhältnis zusätzlich mitspielt.

Gutachterkontrollen

Beginnt man die soziale Analyse bei den Hauptfiguren der Gutachterei, also den Gutachtern selber, so ist als erstes die Frage interessant, wer und was diese vor unstatthaften Zumutungen derer schützt, die sie prüfen sollen. Im Hinblick darauf ist zu klären, wie Gutachter ausgewählt und finanziert werden. Vor allem anderen beeinflussen Auswahl und Finanzierung die Unabhängigkeit der Gutachter. Sie führen, falls beides durch die Bewerteten selber geschieht, zu Abhängigkeiten und nachfolgend oft zu fragwürdigen Ergebnissen. Wahl und Finanzierung von Gutachtern bestimmen mehr als alles andere die Korrektheit ihrer Analysen.

Solche Abhängigkeiten lassen sich vermeiden, wenn sich die Prüfer, anstatt direkt von den Prüflingen durch den medialen Verkauf ihrer Ermittlungsresultate selbst finanzieren, oder aber, wenn die Auswahl und Bezahlung der Gutachter von Dritten übernommen wird, die am Prüfprozess selber nicht direkt beteiligt sind. In dieser Hinsicht spielt der Staat eine Rolle, wenn er sich mit Blick auf Gemeinwohlbelange zum Beispiel um nachhaltige Forschung der Wissenschaft oder auch um eine wünschbare Versorgung der Bevölkerung mit Waren und Dienstleistungen kümmert. Wie das wirken kann und welche Chancen sich dann ergeben, lässt sich für deutsche Verhältnisse an den Beispielen der »Stiftung Warentest« und der »Deutschen Forschungsgemeinschaft« (DFG) darstellen. Beide Einrichtungen können eine ungute Vermarktung ihrer Gutachterprozesse dadurch vermeiden, dass sie nicht von Ernennung und Finanzierung derer abhängen, die sie prüfen und beurteilen sollen.

Die Stiftung Warentest widmet sich der Aufgabe, die Öffentlichkeit über ihre Ergebnisse zum Nutz- und Verbrauchswert von Waren und Dienstleistungen, neuerdings auch von deren Umweltverträglichkeit, zu informieren – und sie kann mit ihrer Korrektheit ein Korrektiv der massenhaft umlaufenden Selbstverherrlichungen der Erzeuger sein. Sie kann sich, weil im Publikum hinreichend angesehen, überwiegend über den Verkauf ihrer Ergebnisse mit Büchern und eigenen Zeitschriften selbst finanzieren. In geringen Teilen dienen überdies Stiftungsmittel des Staates zur Absicherung der eigenen Zahlungsfähigkeit. Die gutachterliche Prüfung der zahlreichen Waren und Dienstleistungen erfolgt meistens mit Hilfe ungenannter, oft ausländischer Labore sowie mit der Testauswertung von Computerprogrammen durch eigene Experten. Sogar die Beschaffung der geprüften Produkte wird nicht von deren Herstellern, sondern insgeheim über den freien Markt betrieben. Die Auswahl der geprüften Einrichtungen, die die Stiftung testen lässt, erfolgt nach Abstimmung mit dem eigenen Verwaltungsrat und mit Beratung durch ein Kuratorium, das zu je einem Drittel aus Sachverständigen sowie Interessenvertretern der Wirtschaftsverbände und Verbraucherschutzorganisationen besteht. Die geprüften Einrichtungen erhalten erste Texte, um beschreibende Darstellungen über ihren Betrieb und dessen Produkte selber prüfen zu können – dies aber ohne die vorherige Mitteilung der vorgesehenen Benotungen. Die Unabhängigkeit von den bewerteten Einrichtungen wird, soweit von außen erkennbar, penibel kontrolliert; die Ergebnisse werden öffentlich dargestellt.

Die Deutsche Forschungsgemeinschaft finanziert sich nur mit staatlichen Fördermitteln. Diese werden neben der Bezahlung des eigenen Sachbetriebs ausschließlich zur Finanzierung der Forschungsprogramme jener Antragsteller genutzt, deren ganze oder teilweise Förderung nach Prüfung der von ihnen eingereichten Forschungsanträge erfolgen soll. Die Besonderheit der DFG besteht darin, dass ihre Gutachter kostenlos arbeiten. Das wird durch eine Kollegialisierung der Gutachterei ermöglicht: Die Gutachter gehören selber den Wissenschaftsbereichen der Antragsteller an, können die fälligen Prüfungen also mit einschlägigen Fachkenntnissen durchführen.

Daraus ergeben sich allerdings auch Probleme, denn es gibt eine problematische Beziehung zwischen Kollegialität und Befangenheit (Neidhardt 2016: 267 ff.). Die Befangenheit ist umso größer, je näher der Gutachter mit seiner eigenen Forschung dem Thema des Projekts ist, das er begutachten soll. Denn dann wächst die Wahrscheinlichkeit, dass er entweder Konkurrent oder aber Kompagnon der Antragssteller ist, in beiden Fällen also nicht völlig unbefangen. Ideal wäre eine mittlere Distanz zwischen den Experten und den Gegenständen, Gruppen und Personen, die von ihnen begutachtet werden sollen. Sie müssen der Sache nahe genug und den Kollegen, um deren Arbeiten es geht, fern genug sein, damit von ihnen korrekte Urteile erwartet werden können. Die DFG versucht eine Balance dadurch zu erreichen, dass sie nicht nur die jeweils zuständigen Gutachter durch deren Anonymisierung schützt, sondern deren Auswahl auch durch unabhängige Mitglieder der eigenen Geschäftsführung durchführen lässt. Mit einer Reihe von Kriterien soll die soziale Distanz zwischen Gutachter und Antragsteller überdies definiert und abgesichert werden. Nachfolgend werden dann die anfangs eingeholten Außengutachten durch ein internes Gutachtergremium bewertet, deren Mitglieder von ihren jeweiligen Fachkollegen durch allgemeine Wahlen legitimiert erscheinen. Solange dabei keine völlig fachfremden Kollegen und Kolleginnen bei der Einzelkontrolle mitsprechen, verbleibt bei Gutachtern und Begutachteten allerdings das gemeinsame Interesse am Wohlergehen ihres eigenen Faches bestehen, und auch das könnte eine gewisse Neigung zu »Kollegenrabatten und Preisnachlässen« (Goffman 1969: 149) bei Entscheidungen auslösen, bei denen sich die Gutachter vorstellen, ihre Ablehnung von Anträgen könnten auch zulasten ihrer Fächer gehen. Die DFG versucht diesen Effekt durch die Festlegung einzuschränken, die eigenen Geldmittel nicht nach festen Quoten auf die Fächerbereiche zu verteilen. Sie kontrolliert dies insgesamt mit einer komplexen »Mehrinstanzlichkeit« der Verfahren: durch eigene Mitarbeiter, durch »Sondergutachter«, Gutachtergremienkontrollen und am Ende durch die abschließenden Entscheidungsrechte des wissenschaftspolitisch maßgeblichen »Hauptausschusses«. Insgesamt werden in die internen Kontrollen viele Akteure auf unterschiedliche Weise und mit abgestimmten Einflüssen einbezogen – Akteure der Universitäten, unabhängiger Forschungsstätten, der Regierungen und natürlich Vertreter der Disziplinen.

Wahrheiten sind auch im Bereich wissenschaftlicher Angelegenheiten immer nur relativ zu haben – Fehler sind keineswegs ausgeschlossen. Vergleicht man die Praktiken bei DFG und Stiftung Warentest aber mit der heute üblichen kapitalistischen Vermarktung von Gutachterei, dann erscheinen sie in der Regel als deutlich zuverlässiger und fairer. Mich überrascht in diesem Zusammenhang vor allem, dass die Stiftung Warentest zwar immer wieder Klagen unzufriedener Prüflinge erfährt, diese aber vor Gericht kaum jemals verloren hat. Mit ihrer öffentlichen Notenvergabe beschädigt sie ja die wirtschaftlichen Interessen miteinander konkurrierender Akteure teilweise recht unangenehm; und das sind Akteure, die auch im Umgang mit Klagen ausgesprochen zahlungskräftig sind.

Zuvorkommenheitskonkurrenzen

Fehler werden eher vorkommen, wenn Wahl und Bezahlung von Gutachtern durch die Bewerteten selber erfolgen. Einerseits führt die zunehmende Vermarktung des Gutachtergeschäfts zwar zu einer im Prinzip vorteilhaften Professionalisierung von Gutachtern und Gutachterinnen. Begutachtung wird zum Beruf, und für das Vorhandensein sachverständiger Experten sind dann auch professionelle Einrichtungen zuständig, die deren Ausbildung betreiben und prüfen – Berufsbildungsinstitute und Berufsverbände, deren Zertifizierung zum Teil auch eine staatliche Akkreditierung voraussetzt. Allerdings ist der Begriff eines Gutachters kein geschützter Begriff, und das führt dazu, dass der Begriff für Werbezwecke zunehmend beliebig eingesetzt wird. Der Begriff des Gutachters suggeriert nämlich Sachkundigkeit und weckt Vertrauen; er profitiert vom Nimbus der Wissenschaft. Aber es gilt: Von Gutachtern wird nicht nur Expertentum verlangt; sie müssen ihre Fachlichkeit auch durch ihre Integrität bei der Beurteilung der jeweils anliegenden Fälle ausweisen; sie müssen unbefangen sein. Dies kann für den Einzelfall nicht zuverlässig durch allgemeine Prüfungen und auch nicht durch die Verpflichtung auf allgemeine Verhaltenskodizes geschehen, die die Gutachter auf unabhängige und faire Beurteilungen verpflichten. Entscheidend ist nicht ein geprüfter Berufsausweis von Gutachtern, sondern deren verlässliche Mitwirkung in den Einzelfällen ihres Bedarfs. Befinden die Prüflinge selber über die Wahl ihrer Gutachter und finanzieren sie diese auch noch, dann sind von vorherein Abhängigkeitsverhältnisse zwischen ihnen entstanden, die die Integrität ihres Urteils belasten können. Die Wahrscheinlichkeit von Gefälligkeitsgutachten wird in solchen Fällen noch verstärkt, wenn hinter den Geprüften Einrichtungen stehen, die sich im Wettbewerb miteinander befinden. Das kann bei den Prüfern, wenn auch sie selber miteinander konkurrieren, zu Zuvorkommenheitskonkurrenzen einladen, um selber im Geschäft zu bleiben. Die Gefahr der Befangenheit ist bei solchen Marktverhältnissen geschäftsbedingt. Die folgenden Fälle illustrieren beispielhaft Möglichkeiten und Folgen käuflicher Gutachterei.

Für die Wirtschaftspolitik von Staaten, Börsen und Betrieben haben weltweit die Ratingagenturen einen erheblichen Einfluss. Ihre Gutachterrolle besteht in der Prüfung der Kreditwürdigkeit von Staaten und Unternehmen. Die drei großen amerikanischen Akteure *Standard & Poor's*, *Moody's* und *Fitch* erledigen in Konkurrenz zueinander in sehr vielen Einzelfällen jährlich etwa neunzig Prozent der weltweiten Ratings. Seit einigen Jahrzehnten werden sie anders als früher nicht mehr von den Abnehmern finanziert, denen sie ihre Ergebnissen verkaufen, sondern überwiegend von der Klientel, die sie prüfen. Merkwürdige Entscheidungen, darunter nicht selten »Zugutachtereien«, sind häufig festgestellt und gerügt worden. Um zu vermeiden, dass bei unangenehmen Herabstufungen der verliehenen Ratingstufen die Geprüften ihre Verträge kündigen und zu angenehmer urteilenden Ratingfirmen wechseln, ist man bei den eigenen Beurteilungen vorsichtshalber selber einnehmend großzügig. Regelrechte Betrugsfälle hat der amerikanische Kongress mehrfach angegriffen – ohne allerdings die in den USA rechtlich geschützte Behauptung der Agenturen anzutasten, dass sie auf die Übernahme ihrer Urteile ja nicht verpflichten und deshalb das »Grundrecht freier Meinungsbildung« für sich beanspruchen dürften; diesen bezweifelbaren Anspruch hat inzwischen auch die EU zugunsten der Ratingagenturen akzeptiert. Auch nachweisbare Gefälligkeitsgutachten bleiben dann unbestrafbar.

Die Friedensdividenden, die ›Wirtschaftsprüfer‹ an ihre zahlende Klientel entrichten, landen zwar manchmal vor Gericht, falls von Falschurteilen betroffene Opfer willens und finanziell in der Lage sind zu prozessieren, aber auch bei ihnen ist der Nachweis von grober Fahrlässigkeit oder Vorsatz im Einzelfall schwer zu erbringen. Nach einschlägigen Recherchen der Presse waren die *Big Four*,[2] die den Prüfermarkt in mehr als 180 Ländern bestimmen, »als Helfershelfer tief verstrickt in teilweise illegale oder zumindest illegitime Handlungen«, kamen aber auch bei zweifelhafter Erfüllung ihrer »hoheitlichen Aufgabe«, Bilanzen der Unternehmungen zu prüfen, immer wieder ziemlich ungeschoren aus den gegen sie angestrengten Prozessen heraus (vgl. Munziger et al. 2019: 13). Sie profitieren dabei auch von sogenannten Haftungsprivilegien, die ihnen in Deutschland eigenartigerweise anders als im Prinzip vergleichbaren Akteuren (zum Beispiel Ärzten, Hebammen oder Architekten) rechtlich zugestanden werden. Dass in ihrem Fall nicht selten Integritätsprobleme aufkommen, dürfte neben allem sonstigen auch damit zusammenhängen, dass die Prüferbetriebe, um ihre gut bezahlten Angestellten nach deren früh im Jahr fälligen Bilanzabschlusstätigkeiten auch ganzjährig gewinnbringend einsetzen zu können, eine Verquickung von Gutachterei und Beratung betreiben. Zur Hygiene sauberer Urteilsermittlungen gehört aber die Trennung von Gutachterei und Beratung. Werden nämlich beide Funktionen in einem Betrieb nicht sorgfältig voneinander getrennt, dann bewerten die Prüfergruppen, je mehr sie gleichzeitig auch als Berater fungieren, nicht zuletzt sich selber. Es wäre geschäftsschädigend, wenn sie unter diesen Umständen die Bilanzangaben ihrer Klienten verwerfen würden.

Solche Praktiken von »Zugutachterei« ergaben sich aus den gleichen Gründen praktischer Geschäftstüchtigkeit auch in einem anderen Bereich, nämlich bei Einrichtungen des »Technischen Überwachungsvereins«, des sogenannten TÜV, der sein als deutsch geschätztes Renommee weltweit mit

2 EY, PwC, KPMG und Deloitte

einträglichen Prüfungen vermarktet (Waltz 2019). Vor Gerichten landeten etwa die Tätigkeiten von TÜV-Süd im Falle eines brasilianischen Dammes, der bald nach der Unbedenklichkeitserklärung der Prüfer brach und etwa 250 Menschenleben kostete; die deutschen Prozesse laufen derzeit noch. Vom »ramponierten Ruf des TÜV-Siegels« berichtete die deutsche Presse noch weitaus häufiger, als herauskam, wie fahrlässig im »Diesel-Skandal« die von Autofirmen gefälschten Abgaswerte das Okay der Prüfer bekommen hatten. Neuerdings belegt die Süddeutsche Zeitung bei einigen TÜV-Prüfern auch Korruption bei Erfüllung ihrer »hoheitlichen Aufgaben« von der Zulassung von Gebrauchtwagen bis hin zu schrottreifen Importwagen aus den USA – und dies offenbar auch ohne dass die Wagen überhaupt angeschaut worden waren.

Die dargestellten Beispiele zeigen, dass die Qualität des Gutachtens nicht nur von der professionellen Expertise der Gutachter bestimmt wird, sondern auch von deren Beschäftigungsverhältnissen. Es gibt eine Reihe von Ursachen für mangelhafte Integrität: Von größter Bedeutung erweist sich immer wieder die Frage, wer die Wahl sowie die Finanzierung der Gutachter besorgt; da entsteht die Kapitalisierung der Gutachterei mit all ihren Folgen. Außerdem gilt: Sind die Rollen von Beratern und Gutachtern nicht deutlich voneinander getrennt, werden letztere schwerlich dazu neigen, gegen erstere zu stimmen. Natürlich (siehe unten) belasten intern oder von außen verfügte Prüfeinschränkungen die Verlässlichkeit der Recherchen. Zudem: Die Begrenzung der Freiheit von Gutachtern, ihre ermittelten Ergebnisse offen zu legen, verpflichtet sie häufig, auch Wichtiges zu verschweigen, wenn es den Finanziers wehtun könnte.[3] Nicht unwichtig ist schlussendlich die Frage, ob Gutachter und deren Firmen, auch wenn ihnen fehlende Sorgfalt nachgewiesen werden kann, von vornherein durch ›Haftungsprivilegien‹ dagegen geschützt werden, sich mit Strafzahlungen angemessen an den entstandenen Schäden zu beteiligen; geschäftlich lohnen sich dann auch grobe Täuschungen.

3 Das gehört leider zu den Bedingungen, die auch Wissenschaftler bei marktfähigen Produkten nicht selten im Dienste jener Firmen akzeptieren, von denen sie eingekauft werden.

Probleme staatlicher Kontrolle

Unter den Bedingungen ihrer Kapitalisierung, das zeigen die genannten Fälle, gewinnt der Glaube an eine verlässliche »Ehrbarkeit« von Gutachterei religiöse Qualität (allgemein zuletzt Streeck 2016: 132 ff.). Korrupte Nachsicht ist bei Beurteilungen in der »Audit Society« (Power 1999) zumindest dann wahrscheinlich, wenn wirksame Kontrollen fehlen. Von Kritikern wird an dieser Stelle häufig die Forderung erhoben, in gesellschaftlich wichtigen Fällen eine Kontrolle der Kontrolleure durch den Staat einzurichten. Dafür kann sprechen, dass der Staat Gesetze erlassen kann und mit seinen Machtmitteln am ehesten in der Lage ist, sich notfalls auch gegen Widerstand von Interessenten durchzusetzen. Hinzu kommt, dass Staaten zumindest in Demokratien auch in der Pflicht stehen, sich für das Funktionieren von Gutachterei zu interessieren, soll die öffentliche Meinung nicht allen Reklamesprüchen irgendwelcher Parteien ausgeliefert bleiben. Gutachter dienen bei wahrheitsfähigen Fragen der Wahrheitsfindung, und es ist für Gesellschaften fatal, wenn dies schief geht, und sich die Aufklärung der Bürger auf die »lingua blablativa« beliebiger Interessenten (Niklas Luhmann) verlassen muss. Gutachter sind selber zwar nicht politisch entscheidungsbefugt, und es kann umgekehrt auch nicht die Sache von Staaten und ihren Regierungen sein, die Beurteilungen der Gutachter einfach zu übernehmen. Sie müssen die vorhandenen Interessen ihrer Bürger berücksichtigen, und da deren Interessen häufig vielfältig sind, müssen sie für Kompromisse und Übereinkünfte sorgen, deren Vernunft nicht mit Wahrheitskriterien der Wissenschaft zu bestimmen ist. Entscheider müssen mehr berücksichtigen, als Gutachter zu klären und festzulegen in der Lage sind. Nicht selten kommen sie dabei in dilemmatische Konflikte. Diese können sich aus prinzipiell respektablen Gründen ergeben – zum Beispiel sowohl im Hinblick auf die Nationalstaatlichkeit wichtiger politischer Aufgaben als auch wegen allgemeiner Sozialstaatsverpflichtungen. In beiden Fällen steht der Staat als Kontrolleur von Gutachtern aber in Gefahr, unzuverlässig zu werden. Auch dafür einige Beispiele:

Partizipationsrechte der Bürger führen zu einem sozialstaatlichen Lobbyismus, der die Wahrheitsinteressen von Gutachtern dann verletzt, wenn die Machtspiele ihrer Interessenverbände die Kontrollfunktionen des Staates unterlaufen und geheim bleiben. Demokratie schützt nicht gegen Unsinn. Das war zum Beispiel der Fall bei dem hierzulande viele Jahre funktionierenden Gutachterschwindel des sogenannten Pflege-TÜV. Im Jahre 2009 wurden neue Richtlinien über die Prüfung der Qualität von Pflegeeinrichtungen vom Bundesrat beschlossen, und im Folgejahr wurden Begutachtungen dann auch durchgeführt. Diese erbrachten ein mirakulöses Ergebnis: Nur 1 Prozent der deutschen Pflegeheime erzielte eine Note, die schlechter als gut war, die Durchschnittsnote aller geprüften Fälle betrug 1,3 auf einer Skala bis 5. An solcher Exzellenz zweifelten in der Folge allergings nicht nur die Kenner aus Wissenschaft und Politik. Offenkundige Fehler ergaben sich vor allem daraus, dass den Gutachtern des Medizinischen Dienstes der Krankenversicherung (MDK), die vor Ort prüfen sollten, nicht zugestanden wurde, die Zustände in den Heimen selbst zu prüfen. Sie prüften weniger deren Leistungen als deren Berichte über ihre Leistungen, und dies nach Kriterien, die sich die Heime weitgehend selbst aussuchen konnten. Dies ermöglichte denen, Spindoktoren ihrer selbst zu sein. Dergleichen lässt sich im Fall des ›Pflege-TÜV‹ vor allem auf die politischen Bedingungen ihrer Einrichtung und Kontrolle zurückführen. Das dafür verantwortliche Gremium war von den einflussreichsten Lobbyisten bestimmt worden: von den Spitzenverbänden der Pflegeheime sowie deren Kostenträgern, nämlich den Kranken- und Pflegekassen. Gewerkschaften waren nicht dabei, da zu wenig Pflegerinnen und Pfleger in Heimen Mitglieder sind. Im Übrigen war der Einfluss der mitmischenden Lobbyisten dadurch gesichert, dass ihnen vom Gesetzgeber wechselseitig Vetorechte verliehen waren. Dass die zu prüfenden Heime sich selber nach Kriterien ausweisen durften, die in vielen Fällen überflüssig und zu nicht geringen Teilen randständig waren, und dass die Ergebnisse in die Bewertung der Gutachter nur selektiv und mit der Folge eingehen konnten, dass sie nach außen am Ende viel zu gut abschnitten – all dies konnte nur dadurch entstehen, dass in dem Entscheidungsgremium, das über die Prinzipien des gutachterlichen Verfahrens zu befinden hatte, die Unüberstimmbarkeit der finanziellen Interessenvertreter der Heime jenseits der Gewerkschaften fixiert war. Man hatte den Bock zum Gärtner gemacht. Der Staat hätte nach dem Vorliegen der ersten erkennbar geschönten Ergebnisse eingreifen und die geltende Prüfpraxis aufheben und neugestalten müssen, aber er hat sich gegen den in diesem Fall abgekürzten Lobbyismus lange stumm geschaltet.

Eine Art Staatskapitalismus scheint sich auch gegen gutachterliche Wahrheitsinteressen immer dann durchzusetzen, wenn Linke und Rechte gemeinsame Interessen vertreten. Das ist regelmäßig der Fall, wenn Unternehmerverbände ihre eigenen Interessen mit der Sorge um Arbeitsplätze begründen können. Dann werden sie nämlich auf die Zustimmung der Gewerkschaften und nachfolgend wohl auch auf die hinreichende Unterstützung von Parteien bauen können. Nationale Interessen sind gegenüber der Bevölkerung relativ leicht zu vertreten, wenn ausländische Bedrohungen der eigenen Bürger behauptet werden können. Das älteste Beispiel bieten Zölle, mit denen die heimische Wirtschaft geschützt werden soll. Im Falle der hierzulande mächtigen Autoindustrie ist es kürzlich sicher auch kein Zufall gewesen, dass die Lässigkeiten deutscher TÜV-Gutachter bei der Prüfung von Autozulassungen zuerst von amerikanischen, nicht von deutschen Behörden und Gerichten ermittelt und bestraft worden sind. Die nationalen Kontrollen der Gutachter funktionierten nicht. Die von den Firmen bei Labortests ermittelten, in Wirklichkeit aber verfälschten Abgaswerte wurden noch nach Aufdeckung der Unzulässigkeiten vom zuständigen deutschen Minister teils verschwiegen, teils verharmlost. Auch dass die beim VW-Skandal kritisierten TÜV-Prüfer selber die Hausprüfer von VW, also mit dem Konzern intim verbandelt gewesen waren, hat die Zuständigen offensichtlich nicht aufgeregt.

Starke Vorwürfe gegen das Versagen staatlicher Gutachterkontrollen kamen im gerichtlich derzeit noch nicht abgeschlossenen Verfahren gegen die Täuschungen des ehemaligen DAX-Konzerns WIRECARD zur Sprache, dem wohl größten deutschen Wirtschaftsskandal der letzten Jahrzehnte. Die zur Prüfung betrieblicher Selbstkontrollen verpflichteten Behörden haben offenkundig versagt; dies wohl bedingt durch politische Beißhemmungen gegenüber einem weltweit erfolgreich erscheinenden einheimischen Konzern[4]. Jedenfalls verblüfft das Ausmaß der finanziellen und sachlichen Unterausstattung der staatlichen Prüfstellen. Die Vorwürfe bezogen sich darauf, dass die zuständige »Bundesanstalt für Finanzdienstleistungsaufsicht« (BaFin) mangels angemessener staatlicher Finanzierung mit eigenen Experten kaum ausgestattet war und deshalb auch nicht in der Lage sein konnte, das Versagen der im Konzern (überdies schon zu lange tätigen) ›Wirtschaftsgutachter‹ wahrnehmen und ahnden zu können. Die Anstalt habe auch übersehen, dass der zur internen Kontrolle gesetzlich verpflichtete Aufsichtsrat lange Zeit schlecht und unzureichend besetzt gewesen sei. Entscheidend war also die Unterversorgung staatlicher Kontrollstellen – dies generell eine Folge der seit langem nicht nur von einer Partei betriebenen Privatisierung des deutschen Staatswesens. Die früh schon vorliegenden Anschuldigungen von Journalisten gegen den Konzern wurden von den Aufpassern dann auch Gerichten überwiesen, anstatt sie selber zu prüfen. Schon in den ersten

4 Von solcher Zurückhaltung hatte früher beispielsweise schon Siemens nach Aufdeckung seiner ausländischen Kundenbestechungen profitiert.

Jahren ihrer Existenz ab 2002 pflegten die Kontrolleure der BaFin die selbsterklärte »Aufsicht mit Augenmaß« wohl mit dem Ziel, den Finanzplatz Deutschland nicht durch zu große Strenge zu belasten.

In der weltweiten Finanzkrise bestätigte sich übrigens der Vorwurf, dass staatliche Aufseher nicht nur in Deutschland dazu neigen, nationale Einrichtungen zu nachsichtig zu behandeln. In der EU führte dies zu dem Ergebnis, dass im Fall der Großbanken der europäischen Zentralbank (EZB) die Hauptverantwortung für deren Kontrolle zugewiesen wurde. Es zeigt sich an diesem Beispiel, dass die Europäische Union tendenziell eher als die nationalen Regierungen in der Lage ist, auch die Selbstkontrollen heimischer Banken und Industrien zu kontrollieren; zumindest mangelt es der EU in solchen Fällen an nationalstaatlicher Befangenheit. Immer wieder gab es von der EU auch Vorhaltungen und Einsprüche gegen Mitgliedsländer, wenn deren nationalen »Zugutachtungen« in Bereichen evident wurden, in denen die inzwischen erweiterten Zuständigkeiten der EU existieren; manchmal durchaus mit Erfolg. Allerdings haben die Regierungen die ihnen verordneten Verpflichtungen immer wieder verschleppen oder unterlaufen können.[5]

Solange ihr eigenes Überleben nicht von Brüssel oder Straßburg, sondern von den heimischen Wählern abhängt, wäre es naiv anzunehmen, die Regierungen ließen sich von solchen Manipulationen abhalten. Nationen sind wohl die letzten, die Nationalismus aufgeben werden. Deshalb wird aber auch die EU nur wirklich wirksam sein können, wenn sie sich bei ihren Abstimmungen vom Einstimmigkeitsprinzip löst. Nur dann ließen sich Korruptionen eindämmen, die im Namen der eigenen Nation stattfinden. Leider lässt sich aber wohl auch das Einstimmigkeitsprinzip nicht einstimmig aufheben. Seit der Erweiterung der EU und nach den Bedrängungen durch sich häufende Schuldenkrisen ist der Europäische Rat mit nur geringer Beteiligung des Parlaments als »Notstandesregierung« aktiv. »Im Allgemeinen ist die europäische Politik zur Sache der Regierungschefs der Mitglieder der Währungsunion geworden. An die Stelle der Aufbruchserwartungen zu Beginn des Jahrhunderts ist Pessimismus über die Zukunft der Union getreten.« (Lepsius 2013: 242)

5 Hierzulande nicht nur im Hinblick auf die erlassenen Auflagen zum Schutz von Whistleblowern.

Literatur

Goffman, Erving 1969: Wir alle spielen Theater. Die Selbstdarstellung im Alltag. München: Piper.

Lepsius, M. Rainer 2013: Institutionalisierung politischen Handelns. Wiesbaden: Springer VS.

Mulligan, Adrian / Hall, Louise /Raphael, Ellen 2013: Peer Review in a Changing World. An International Study Measuring the Attitudes of Researchers. Journal of the American Society for Information Science and Technology, vol 64, no.1, 132–161.

Munziger, Hannes / Obermaier, Frederik / Obermayer, Bastian / Stadler, Rainer / Wellmann, Georg 2019: Vier gewinnt. Süddeutsche Zeitung vom 23./24. Februar 2019, 13–15.

Neidhardt, Friedhelm 1988: Selbststeuerung in der Forschungsförderung. Das Gutachterwesen der DFG. Opladen: Westdeutscher Verlag.

Neidhardt, Friedhelm 2016: Selbststeuerung der Wissenschaft durch Peer-Review-Verfahren. In Dagmar Simon / Andreas Knie / Stefan Hornbostel / Karin Zimmermann (Hg.), Handbuch Wissenschaftspolitik, 2. Auflage. Wiesbaden: Springer VS, 261–277.

Power, Michael 1999: The audit society. Rituals of verification. Oxford: University Press.

Streeck, Wolfgang 2016: Gekaufte Zeit. Die vertagte Krise des demokratischen Kapitalismus. Berlin: Suhrkamp.

Waltz, Manuel: Der ramponierte Ruf des TÜV-Siegels. www.deutschlandfunk.de/pruefwesen-der-ramponierte-ruf-des-tuev-siegels-100.html., letzter Aufruf am 2. Oktober 2022.

Soziologie, 52. Jg., Heft 1, 2023, S. 50–67

Unter Beobachtung an der Relationierung arbeiten

Wie Rezensionen einer multiplen wissenschaftspolitischen Realität der Metrifizierung entgegenwirken

Jörg Potthast[1]

Am 17. Juni 2021 veröffentlichte das Bundesministerium für Bildung und Forschung (BMBF) ein Erklärvideo, das mit den Worten »Das ist Hanna« beginnt.[2] Der Tonfall freundlicher Erläuterung stieß vielen auf, die hier angesprochen werden sollten: jüngeren Wissenschaftlerinnen und Wissenschaftlern. Sie stellten vehement in Frage, dass das Video zutreffend und angemessen über ihre Qualifikationsphase spricht. Verstärkt wurde ihr Widerspruch in einem bis dahin im Kontext von #metoo erprobten Modus der Wiederholung: »Ich bin Hanna!« – »Ich bin Hanna!« – »Ich bin Hanna!«

Nehmen diese Aufschreie und die Kritik an prekären Verhältnissen Einfluss auf die Selbstbeschreibung moderner Wissenschaft? Geben sie Anlass, die Frage nach biografischer Inklusion in wissenschaftliche Erwerbstätigkeiten und/oder Arbeitsverhältnisse neu zu bestimmen? Sollte die Frage, wie Personen und ihre Qualitäten in der Wissenschaft vorkommen (Shapin 2008), neu bedacht werden? Spätestens mit dieser Frage tun sich die Protestbewegungen schwer. Auch ihnen gilt das Wissenschaftssystem als wegweisend darin, an Personen gebundenes Vertrauen durch unpersönliches Systemvertrauen zu ersetzen. Wenn den »Aussagen achtbarer Zeugen« seit dem Aufkommen von »Laborexperimenten« weniger »Autorität« zugebilligt wird (Latour 1995: 35): Wäre das nicht erst recht bei wissenschaftsinternen Mechanismen der Auslese

1 Dem Text ging ein Vortrag auf Einladung des DFG-Netzwerks »Auf dem Weg in die Bewertungsgesellschaft?« am 23. Juni 2022 in Hamburg voraus.

2 https://www.youtube.com/watch?v=PIq5GlY4h4E, letzter Aufruf am 2. Oktober 2022.

und Rekrutierung zu erwarten? Müssen anonyme Verfahren der Qualitätssicherung gerade an dieser Stelle, in Belangen biografischer Inklusion, nicht vorausgesetzt (und gegebenenfalls eben auf ihre Wirksamkeit überprüft) werden? Wenn dafür Dispositive des bibliometrischen Forschungsdatenmanagements bereitstehen; wenn darüber hinaus viel Arbeit in die Erstellung und Pflege digitaler Profile gesteckt wird, sind dies nicht alles nur Belege für eine Umstellung von einer höfisch-häuslichen Ordnung (persönliches Vertrauen) zu einer industriell-standardisierten Ordnung (Systemvertrauen)?

Steven Shapin sieht dieses Dilemma. Zugleich besteht er darauf, die seit Max Weber klassische Frage zu historisieren (Shapin 2008: 1 ff.). Seine Untersuchung bezieht sich auf ein ganzes Jahrhundert der Technowissenschaften. Sie schließt neben universitärer Forschung etwa auch Industrieforschung (ebd.: 93 ff.) und akademische Ausgründungen ein (ebd.: 209 ff.). Er gelangt zu einem Befund, der das Verständnis von einem alle diese Bereiche übergreifenden Modus anonymer Bewertung erschüttert. Vielmehr weist er nach, dass in allen genannten Kontexten Varianten einer Repersonalisierung am Werk sind.

Die Wendung von »Das ist…« zu »Ich bin Hanna« lässt dagegen nur einen Kontext gelten: den Weg zur Festanstellung an einer Universität. In dem Versuch, eine objektivierende Darstellung wissenschaftlicher Qualifikationsphasen vorzutragen, erkennt sie eine autoritäre Setzung. Aber versteht es sich von selbst, dass sich der selbstbezügliche Einspruch und seine numerische Steigerung nur auf dieses Arbeitsmarktsegment beziehen? Rühren die angeprangerten Schieflagen und Missstände in der Qualifikationsphase (Bahr, Eichhorn, Kubon 2022; Graf, Keil, Ullrich 2020) nicht maßgeblich daher, dass in der Wissenschaft ganz unterschiedliche Beschäftigungsarrangements aufeinanderprallen?

Der vorliegende Beitrag versucht sich an einer Rekonstruktion von Hanna, indem er von der professoralen Beamtenlaufbahn dezentriert. Er rekonstruiert Hanna also weder im Stil des BMBF noch im Stil des darauf bezogenen Protestes. Er stellt gegenüber dem BMBF in Rechnung, dass Hanna Autonomie fordert und sich unter den gegebenen Umständen selbst profiliert. Gegenüber dem Protest stellt er in Rechnung, dass Hannas Profil unterschiedliche wissenschaftliche Beschäftigungsverhältnisse adressiert. Dafür misst er Praktiken der Metrifizierung und Selbstmetrifizierung (Mau 2017; Hark, Hofbauer 2018; Reinhart 2022: 186 ff.) eine höhere Bedeutung bei. Insofern führt er nicht einfach zu der seit Max Weber klassischen Frage zurück. Diese lautete: Wenn sich Beruf und Lebensführung entkoppeln, was hat es dann mit dem Beruf »Wissenschaft« auf sich? In der Zwischenzeit haben sich diverse Bewertungsagenturen eingeschaltet, die dieses Verhältnis vermessen und vermitteln. Von dieser Realität (einer Metrifizierung und Selbstmetrifizierung) abzusehen, um sich ausschließlich auf »persönliche Tugend« (Shapin) zurückzubesinnen, ist (für Hanna) keine Option. Der vorliegende Beitrag plädiert nicht für »Exit«. Statt nach Typen zu fahnden, die sich identifizierender Vernetzung gänzlich entziehen (Stäheli 2021), wendet er sich einer Textgattung zu, die gerade im Zuge bibliometrischer Metrifizierung an Boden verloren hat. Er argumentiert, dass es ausgerechnet Rezensionen neu zu bedenken und aufzuwerten gilt (Neidhardt 1991: 402 f.; Kamp 2014: §9). Rezensionen verlangen ihren Autorinnen und Autoren eine Arbeit ab, die sich maßgeblich als Relationierung bestimmen lässt. Indem der vorliegende Beitrag für Rezensionen wirbt, geht er über eine Kritik an Zwängen zur »Metrifizierung« und »Selbstmetrifizierung« hinaus zur Würdigung einer alternativen »Forminvestition« über (Thévenot 1984; vgl. Boltanski 1987).

Maßgeblich für die Erkundung der Differenzen zwischen biografischen Inklusionsmustern ist im Folgenden ein Beitrag, der, wenn auch ohne Fokus auf den wissenschaftlichen Arbeitsmarkt, in höchst anschaulicher Weise von »Normalerwerbsbiografien« dezentriert: »Organisationen, Personen und Biografien«, von Hanns-Georg Brose, Ursula Holtgrewe und Gabriele Wagner (1994). Angelehnt an diesen Beitrag lassen sich Realitäten wissenschaftlicher Betriebs- und Lebensführung herausarbeiten, in denen bibliometrische Datenbanken und davon ausgehende Angebote und Zwänge zur Metrifizierung in ganz unterschiedlicher Weise vorkommen. Auf dieser Grundlage lässt sich dann diskutieren, ob und inwiefern Rezensionen eine andere, diese multiplen Realitäten des Wissenschaftsbetriebs und des wissenschaftlichen Lebens übergreifende Form der Prüfung möglich machen.

Datenpraktiken und biografische Inklusion

Im Bemühen, die eigenen Forschungsleistungen sichtbar zu machen, bieten allerlei digitale Plattformen Unterstützung an. Permanente Beiträge zur Selbstmetrifizierung stützen eine Metrifizierung, die gnadenlos hochrechnet und darum gnadenlos unsichtbar macht. Gegen diese Unsichtbarkeit die Stimme zu erheben, ist unmöglich. Sich ganz dem System der Metrifizierung zu entziehen, ebenso. Die Produktion neuer Sichtbarkeit bei immer längeren

Schatten bedient ein einträgliches Geschäftsmodell. In einer ersten Phase verheißt die digitale Aufbereitung von Daten einen Kontrollgewinn. In einer zweiten Phase stellt sie sich dann als eine »Falle« heraus (Rochlin 1997). Die Analogie zu Drogen (Kamp 2014) oder zu Glückspielmaschinen (Schüll 2012), die so gestaltet sind, dass sie auch auf lange Dauer einen eingehegten, kontrollierbaren Kontrollverlust möglich machen, liegt nahe. Um mit dieser Abhängigkeit zu brechen, genügt es demnach nicht, auf Ersatzdrogen zurückzugreifen. Vielmehr muss Arbeit am Entzug geleistet werden. Diese setzt Kollektive voraus, die dem Modus identifizierender Metrifizierung eigene Satzungen entgegensetzen (Kamp 2014).

Aber ist dieser Vorschlag wirklich empfehlenswert? Alle, auch wer noch auf einen »Ruf« wartet, nicht »ernannt« wurde oder noch keine Gelegenheit hatte, sich »einen Namen« zu machen, sollen digitale Datenpraktiken herunterfahren und stattdessen in Ortsvereinen Namenloser AkademikerInnen Qualifikationsarbeit betreiben (ebd.)? Führt dies nicht absehbar in weitere Erfahrungen mit Namenlosigkeit und Unsichtbarkeit? Die Beispiele sind bekannt: Eine Qualifikationsschrift findet keinerlei Echo; ein Antrag für eine Nachwuchsgruppe verschwindet im Nichts. Lehrstühlen ohne Drittmittelumschlag oder Fächern, die bei der Exzellenzinitiative leer ausgehen, ergeht es nicht anders. Macht die Metrifizierung und Selbstmetrifizierung all dies schlimmer? Oder sind kreative, datengestützte Wege metrifizierter Profilbildung doch eher ein Teil der Lösung?

Hier liegt ein Problem, das nur selten explizit angesprochen wird. Oft bleibt es bei einer allenfalls halblaut geäußerten Positionsbestimmung, die Folgendes besagt: Metrifizierung befördert eine Umgestaltung des Zugangs zu wissenschaftlichen Arbeitsmärkten, die sich an a-historischen Gesetzen des Marktes in Verbindung mit industriellen Standards der Leistungsmessung ausrichtet.[3] Eine andere Verbindung wäre gar nicht legitim, zumal der Kampf gegen unerträgliche und unsägliche Formen feudalistisch verkrusteter Abhängigkeit keinen Aufschub duldet. Diese geläufige Rahmung halte ich, wenn sie als Muster der Kritik generalisiert wird (Boltanski, Chiapello 1999), für problematisch. Auf der Suche nach einem Modell der Prüfung, das für die Qualität wissenschaftlicher Leistungen und biografische Inklusion in wissenschaftliche Arbeit eine überzeugendere Rechtfertigung bietet (Boltanski, Thévenot 2007), wendet sich der Beitrag Rezensionen als Forminvestition zu. Zuvor skizziert

3 Für einen überzeugenden Vorschlag, Leistung und ihre Messung zu historisieren, vgl. Verheyen (2018).

er drei Arbeitsmarktsegmente, die im Wissenschaftsbereich zusammenkommen, obwohl sie nichts gemein haben und durch ganz unterschiedliche Praktiken der Metrifizierung gekennzeichnet sind.

(a) Wissenschaftliche Beamtenlaufbahn

Zugang und Abgang des verbeamteten wissenschaftlichen Personals an Hochschulen bedürfen keiner ausführlichen Erläuterung: *Hinein* geht es mit einem biografischen Narrativ (»Bewerbungsschreiben«) und einer metrifizierten Darstellung individueller Research Performance (Selbstauskunft auf Standardformularen). Letzteres, auf Indices und Angaben zu eingeworbenen Drittmitteln gestützt, vermag die biografische Erzählung zu dementieren. Zum Abschied Fakultätsangehöriger ist es üblich, dass die Dekanin oder der Dekan in einer fachöffentlichen Veranstaltung eine kurze Ansprache hält. Manchmal fällt dieses Ritual feierlich aus. Manchmal begnügt sich die Leitungsperson damit, ihre Kollegin oder ihren Kollegen zu googeln. Dieses Hinein-Hinaus im Zuge der Verbeamtung steht für ein Modell totaler biografischer Inklusion (Brose, Holtgrewe, Wagner 1994: 270). Es sieht vor, dass Anwärterinnen und Anwärter eine formalisierte Eignungsprüfung durchlaufen, bei der metrifizierte Kriterien großen Einfluss haben können. Jene, die (nach zuweilen langer Anwartschaft) ein »Ruf« erreicht, erfahren eine Totalinklusion. Auch wenn es keinen Rechtsanspruch darauf gibt: Der erworbene Titel kann wie ein Teil des Namens geführt werden. Die Bezüge sollten, auch wenn bis dahin wenig Zeit für Kinder bleibt, für eine Familie reichen (ebd.: 258 ff.). Die Kritik an diesem Modell »aufgeschobener Gratifikation« (ebd.: 259) ist bekannt. Die lange Vorlaufzeit zwinge den »Nachwuchs« in große Abhängigkeit. Wer sich hier bewähre, mag Institute und Universitäten am Laufen gehalten haben. Aber mit zunehmender Verweildauer werden selbstselektive Mechanismen immer unvermeidbarer (ebd.; vgl. Subramaniam 2014: 180 ff.).

Metrifizierung, auch selbstmetrifizierende Verausgabung, können diesen Herkunftseffekt nicht kompensieren. Das würde nämlich voraussetzen, dass sie sich dosieren ließe. Panische Metrifizierung jedoch koppelt Berufsvorbereitung und Lebensführung in einer Weise, die Herkunftseffekte noch steigert, ähnlich, wie dies für »Angstmaschinen« (Espeland, Sauder 2016) oder »Bildungspanik« (Bude 2015) beschrieben wurde. Insofern gefährdet Metrifizierung Qualifikationsarbeit. Einem deutschsprachigen Publikum, weiterhin darauf angewiesen, professorale Lebenszeitstellen anzustreben, ist diese Lage bestens bekannt. Der *German Horror* ist gekennzeichnet durch partielle Inklusion bei tragischer Steigerung von Metrifizierung. Die Frage nach einer Re-Anonymisierung von Qualifikationsarbeit (dem metrifizierenden Dauerzugriff entzogen) stellt sich daher dringend.

(b) Wissenschaftliche Zeitarbeit

Brose, Holtgrewe und Wagner argumentieren: Die für moderne Gesellschaften angenommene Entkopplung von Arbeit und Lebensführung realisiert sich eigentlich erst in der Erfindung eines sehr spezifischen Arrangements – und zwar der Zeitarbeit (1994: 257). Hier sind Arbeitsverhältnis und Beschäftigungsverhältnis entkoppelt, jedenfalls auf den ersten Blick. Statt in der Zeitarbeit eine Schwundform oder den Inbegriff prekarisierter Arbeit zu sehen, nähern sich Brose und Koautorinnen diesem Phänomen darum, durch dieses theoretische Motiv inspiriert, mit Ausdauer und Wohlwollen.

Die Entkopplung funktioniert dem Modell nach so: Es gibt Agenturen, die mit Arbeitskräften Verträge schließen. Und es gibt Unternehmen, die sich über diese Agenturen Zeitarbeitskräfte beschaffen. Zwischen diesen und den Arbeitskräften besteht nur ein Arbeits-, aber kein Beschäftigungsverhältnis. Diese Entkopplung hat im Feld von IT-Dienstleistungen bemerkenswerte Spielräume hervorgebracht (Barley, Kunda 2004), die sogar als neuartige »Professionalisierung« diskutiert wurden (Barley, Kunda 2006). »Contracting« ist auch in der Wissenschaft eine verbreitete Form der Beschäftigung, allerdings fehlt es dort, anders als im Fall von IT-Dienstleistungen, an Vermittlungsagenturen.[4] Zwar gibt es eine bibliometrische Industrie, die auch Unterstützung bei der Aufbereitung von Portfolios anbietet. Aber diese arbeitet nicht am Zuschnitt und der Vermittlung von Arbeitspaketen. Auftragsforschung und Projektifizierung verlassen sich in der Regel darauf, dass der Aufwand – angefangen bei der Antragstellung und Projektkalkulation – an Zeitarbeitskräfte ausgelagert wird.

Diese Leute sehen sich nicht durch hochstandardisierte Metrifizierung entlastet; stattdessen sehen sie sich genötigt, diese Metrifizierung von Null an

4 Diskussionen zur Digitalisierung und Plattformisierung von Arbeitsmärkten sind sehr aufmerksam für Intermediäre (Pongratz 2022), klammern den Bereich der Wissenschaft jedoch weitgehend aus.

selbst zu erbringen. Ihre Beiträge zur Metrifizierung unterscheiden sich daher grundlegend von den Versuchen, schon während der langen Phase der Bewährung auf dem Weg zur Professur Sichtbarkeit zu erlangen. Käme darüber eine stabile Metrik zustande, könnten wissenschaftliche Vertrags- oder Projektarbeitskräfte einen Modus serieller Inklusion erreichen. Weil es jedoch meist dabei bleibt, dass einseitige Versuche der Kompensation für eine fehlende Infrastruktur scheitern (vgl. aber Guggenheim 2005), fällt dieses Arrangement hinter den Möglichkeiten zurück, die ihm in der Sphäre temporärer IT-Unterstützung zugesprochen wurden (Barley, Kunda 2004). In diesem Zustand der Unsichtbarkeit belassen, kommen alle Kriterien zusammen, um von »Ausbeutung« zu sprechen. Wer auf Dauer selbst die Definition von Arbeitseinsätzen, Werken und Werkstücken vollbringt, ohne auf metrische Vorarbeit zurückgreifen zu können, muss sich anderswo qualifiziert haben – und wird sich auch anderswo re- oder nachqualifizieren müssen (ebd.: 244 ff.).

Die Verfügbarkeit und Aufbereitung bibliografischer Daten löst offensichtlich weder das Problem der Definition von Arbeitspaketen noch jenes der Qualifikation. Der kalifornische Traum, ohne Abschluss über die Garage ganz und gar mobile Lernbiografien möglich zu machen, erfüllt sich selbst im Sektor der IT-Dienstleistungen nur bedingt. Denn auch dort, im Zuge der Aufrechterhaltung permanenter Datenpraktiken, wirkt die Kontinuität nur bedingt auf die Beschäftigten zurück. Die erwähnte Studie kommt zu dem Befund, dass Stabilisierung nur um den Preis überzogener Personalisierung zu haben ist (»Gurus«) und auch dann anfällig für Gesichtsverlust bleibt (»hired guns and warm bodies«; ebd.). Diese Ausprägung gibt Brose und Koautorinnen nachträglich Recht in der Vermutung, dass auch Zeitarbeit nicht einlöst, was soziologischer Theoriebildung als Entkopplung von Arbeit und Lebensführung schon so lange geläufig ist (Brose, Holtgrewe, Wagner 1994: 265).

(c) Wissenschaftliche Betriebsclans

Eine dritte Variante biografischer Inklusion finden Brose und Koautorinnen in Japan: Dort sei die Metrifizierung im Bildungswesen, mit ultrastabilen Schul- und Universitätsrankings im Grunde abgeschlossen. Ihr enormer Einfluss in der Regulierung des Zugangs zum Arbeitsmarkt liege in der Kombination mit in diesen Einrichtungen eingeübten Praktiken biografischer Selbstverleugnung (ebd.: 267; vgl. Deutschmann 1989). Die Nachwuchskräfte für Unternehmen, die wie Clans funktionieren, erreichen ihren ersten (und oftmals einzigen) Arbeitgeber als »unbeschriebenes Blatt« und wissen sich auch als solches darzustellen. Sie demonstrieren nicht Charakter, sondern Formbarkeit.

Dass sich niemand zuvor schon einen Namen gemacht habe, sei eine Voraussetzung dafür, dass Unternehmen ihrerseits quasi-verwandtschaftliche, multiple Bindungen ausprägen, die sich als besonders strapazierbar erweisen und ein hohes Niveau improvisierter Kooperation ermöglichen. Die in den am höchsten gerankten Bildungseinrichtungen erworbenen, hochgradig standardisierten Wissensbestände driften also nicht auseinander. Sie befördern nicht Spezialisierung und Fragmentierung, sondern bewahren Homogenität, solange individuellen biografischen Projekten sorgfältig abgeschworen wird. Diese Organisationen fordern und bieten dann also nach dem Vorbild der zuvor durchlaufenen Bildungseinrichtungen ein kollektivbiografisches Projekt. Konflikte um Zuständigkeit, begünstigt durch funktionale Arbeitsteilung in Kombination mit hierarchischen Organisationsstrukturen, kommen in diesem Milieu ebenso wenig vor wie ein typisches Muster im Umgang mit diesen Konflikten, nämlich »Dienst nach Vorschrift«. Von Betriebsclans getragene Unternehmen brillieren darum in kreativ-reflexiver Selbststeuerung (ebd.).

Totale Inklusion privater Lebensführung in ein rigide metrifiziertes Bildungssystem lässt den Übergang ins Arbeitsverhältnis zu einem unvergleichbar unscheinbaren Ereignis schrumpfen. Rigidität von Ein- und Ausschluss in bis dahin unbekannter Kombination mit enormer Anpassungsfähigkeit: Diese Mischung war schillernd genug, um etlichen Managementratgebern Stoff zu geben, die längst auch diesseits von Japan Wirkung entfalten. Im japanischen Traum oder Alptraum lassen sich Personen wie Patente bewirtschaften. Es kommt nie zu Loyalitätskonflikten. Ohne die großen und kleinen Dramen um *Exit* und *Voice* besteht keine Aussicht auf eine erprobte Exklusionsindividualität (ebd.: 268). Oftmals als eine universale Figur angesehen, bleibt die Ausbildung von Persönlichkeit ein regionales Projekt.

Ein übergreifender Mechanismus elitärer Auslese?

In den drei Arrangements von Metrifizierung und Arbeitsverhältnissen fallen unterschiedliche Modelle biografischer Inklusion (und Exklusion) ins Auge. Die drei Modelle koexistieren; sie befinden sich, auch wenn ich sie jetzt mit regionalen Klischees kurzgeschlossen habe, in einem spannungsreichen Nebeneinander. Diese Heterogenität ist schwer zu greifen – sei es mit den analytischen Repertoires der Wissenschaftsforschung, sei es im Rahmen wissenschaftspolitischer Initiativen. Der nun erbrachte Nachweis einer multiplen Realität von Organisation und Biografie verlangt nach einem anspruchsvolleren Lösungsvorschlag. Im Folgenden werde ich daher empfehlen, den Stellenwert von Rezensionen neu zu bedenken. Warum ist ausgerechnet Rezensionen zuzutrauen, eine gemeinsame Währung zwischen drei völlig inkommensurabel erscheinenden Welten bereitzustellen? Inwiefern erlauben Rezensionen, jenen kritischen Punkt der Auslese und Prüfung (neu) zu bestimmen, der über biografische Inklusion entscheidet? Dieses Kriterium verlangt nach einem Lob der Rezension, das sich nicht in der geläufigen, aber eben auf geisteswissenschaftliche Fächer beschränkten Würdigung erschöpft. Mit diesem (noch) vertrautesten Blick auf die Vorzüge des Rezensierens beginnt die folgende Darstellung.

Bezogen auf das Modell der *Beamtenlaufbahn* hat Friedhelm Neidhardt, über Jahrzehnte ein akribischer Wissenschaftler und stark beanspruchter Gutachter, darauf aufmerksam gemacht, dass auch in unübersichtlichen Bewerbungen ein Blick in die Rezensionen besonders lohnt (Neidhardt 1991: 402 f.). Hier zeigt sich, wie sich eine Autorin oder ein Autor das Argument einer Kollegin oder eines Kollegen anzueignen weiß. Denn im Unterschied zur »Kritikerin« oder zum »Kritiker« in Kunst und Literatur kommt diese indirekte Performance des »Sprechen-lassens« nicht umhin, auch – auf stark beschränktem Raum – an der eigenen Position zu arbeiten. Insofern ist diese Übung in kollegialer Zweistimmigkeit dem Vortrag in eigener Sache oder der Messung an vorgegebenen Indikatoren überlegen. Es ist eine Sache, über die eigene Forschung Auskunft zu geben, aber eine andere, über die Forschung anderer zu reden (ebd.). Letzteres sichert Alterität.

Bezogen auf das *kalifornische Modell* steht eine solche Laudatio noch aus. Hier liegt für Zeitarbeitskräfte eine bedeutende Herausforderung darin, nicht als *Hired Guns* durchzugehen (Barley, Kunda 2004). Dieser Verdacht lässt sich mittels Rezensionen und der dafür erforderlichen Perspektivübernahme und -übersetzung bestens entkräften.

Im *japanischen Modell* schließlich spräche nichts dagegen, die bisher erbrachten Nachweise für Formbarkeit – nämlich den erklärten Verzicht auf eine eigene Biografie – durch Rezensionen zu ersetzen. Die Fähigkeit, wohlwollend über die Forschungen Anderer zu sprechen, erbrächte nicht nur einen passiven, sondern einen aktiven Beleg für Formbarkeit. Jemandem zuhören und nach dem Mund reden zu können, sie oder ihn sogar darin zu übertreffen; dieser Teil der Übung »Rezension« qualifiziert meines Erachtens in noch einschlägigerer Weise für die Mitarbeit in ausgesuchten japanischen Konzernen (oder Forschungseinrichtungen beziehungsweise Universitäten).

Eine stärkere Beachtung der Rezensionstätigkeit täte demnach allen drei Varianten gut. Es steht also ein Mechanismus zur Verfügung, der Auslese in übergreifender Weise regelt, statt einer weiteren Zerklüftung Vorschub zu leisten, die nicht nur im Fall einer Migration zwischen den drei Regionen für Irritation und zuweilen für anhaltende Verwirrung sorgt. Wenn diese ›Prüfung‹ stärker gewichtet wird, ist keines der drei Arrangements als vermeintlicher Normalfall gesetzt. Wenn die dystopischen Erscheinungen vornehmlich dort auftreten, wo sie in Reinform anzutreffen sind, ist das ein bedeutender Vorteil. Des Weiteren und entscheidend wirken Rezensionen allen drei Dystopien der Qualifikationsarbeit entgegen:

Sie wirken *gegen eine germanische Dystopie*, die ich oben als tragische Selbstmetrifizierung gekennzeichnet habe. Vermeintlich gegen die Feudalstruktur des Fachs gerichtet, beschädigt Selbstmetrifizierung jene Kräfte und Strukturen eines wissenschaftlichen Feldes, die Qualifikationsarbeit erst stützen und ermöglichen.

Sie wirken *gegen eine kalifornische Dystopie*, die darin besteht, dass einseitige Selbstmetrifizierung – in Anlehnung an bibliometrische Datenpraktiken – einer Parzellierung akademischer Wissensproduktion ohne Intermediäre nichts entgegensetzen kann. Auch wo die Bedingungen einer trilateralen Kooperation gegeben sind, ist nicht klar, was das Versprechen einer fortlaufenden Weiterqualifikation absichern könnte. Qualifikationsarbeit wird, mit anderen Worten, externalisiert. Wäre diese rigide Ausblendung nicht für Rezensionen zu lockern? Rezensionen können sich als ein schmales, aber aussagekräftiges Portfolio bei der Rekrutierung und Vermittlung von Arbeitskräften erweisen. Schließlich beweisen sie, dass sich ihre Autorinnen und Autoren rasch auf bis dahin Fremdes einlassen können – und die ihnen gestellte Aufgabe dann auch zum Abschluss zu bringen wissen. Genau das ist der Maßstab für die Projektewelt (Boltanski, Chiapello 1999). *Employability*, die normative Referenz dieser Welt, ließe sich mit der praktischen Auflage verbinden, nicht permanent, aber doch in regelmäßigen Abständen eine Rezension anzufertigen. Denn die Forminvestition, die bei Rezensionen getätigt wird, ist sperrig genug, um nicht zum *Content Work* degradiert zu werden. Sie erhält, was sich Söldner nicht leisten können: Beziehungsarbeit.

Gegenüber einer japanischen Dystopie, in der akademische Qualifikation offenbar rigoros von Persönlichkeitsentwicklung via geschulter Urteilsbildung abgeschnitten wird, markieren Rezensionen einen Kontrapunkt. Wenn sich Betriebsclans allerdings vornehmlich dadurch auszeichnen, dass sie resilient auf Unvorhergesehenes reagieren können, dann ließe sich auch argumentieren: Diese Kompetenz setzt das Wagnis voraus, sich auf Perspektiven einzulassen, die in einem strengeren Sinn Fremdperspektiven sind – und sich nicht ohne Weiteres in eine vorsortierte und vorgefertigte Metrik einfügen lassen. Gerade die Schlüsselqualität einer raschen Reaktion auf Unvorhergesehenes würde auf diese Weise geschult und nachgeschult. Weil Rezensionen unter Beobachtung Relationierungen vornehmen, fördern sie ausdrücklich auch die für den Umgang mit Störungen maßgebliche Fähigkeit und Bereitschaft zur Kooperation.[5]

Wissenschaftspolitische Diskurse setzen in der Regel nicht bei Kompetenzen und den Konventionen der dafür maßgeblichen Prüfungen an. Sie tun sich schwer, die Ökonomien der zu messenden Größen in ihrer Pluralität zu erfassen. Sie neigen dazu, darin allenfalls mikroökonomische Nuancen zu sehen, während doch eine makroökonomische Betrachtungsweise die ganze Aufmerksamkeit verlange: Die industrieförmige Aufbereitung bibliometrischer Daten reagiere auf die Knappheit von Lesezeit (und erst recht Begutachtungszeit). Dass hier quasi-industrielle Standards eine überforderte Koordination über Marktmechanismen unterstützen, sei aber gar nicht wegzudenken. Der Kompromiss zwischen industrieller und marktförmiger Rechtfertigung gilt darum weithin als unanfechtbar. Dass Metrifizierung durch die Kopplung mit Rekrutierungsentscheidungen und Mittelzuweisungen eine quantitative Steigerung der Publikationen bewirkt, bleibt dann eine unerwünschte (aber hinzunehmende) Nebenwirkung.

Wo stattdessen Monografien Teil der Fachkultur sind, könnte eine stärkere Beachtung von Rezensionen einen umgekehrten Effekt bewirken. Statt den Output weiter anzukurbeln, wäre für eine Qualitätssicherung gesorgt, die sogar das Volumen verfügbaren Lesestoffs absenken könnte. Ob die beiden großen deutschsprachigen Plattformen, die seit 1996 (HSoz-Kult) und

5 Zur Kritik an einem Kompetenzmodell, das Diversität und Kritik in dieser Weise funktional integriert, vgl. Zimmermann (2011).

2015 (Soziopolis) im Bereich der geistes- und sozialwissenschaftlichen Forschung beständig Rezensionen nachlegen, schon einen messbaren Effekt haben? *Groß* bezieht sich vor allem im Fall der jüngeren Plattform auch auf die für Einwerbung, Durchsicht und Redaktion aufgebotene Personalausstattung. Soziopolis fördert ein Handwerk, das einer fachlichen Diskussion zugutekommt, ohne sich von der Logik fachlicher Spezialisierung absorbieren zu lassen. Hier zeigt sich exemplarisch, wie dem Imperativ der Metrifizierung entgegengewirkt werden kann, der, wie oben ausgeführt, in drei Arrangements auf unterschiedliche Weise zuerst und vor allem Arbeit an der Qualifizierung zersetzt und zerstört.

Anti-elitäre Kritik und die Arbeit an der Relationierung

Der starke Fokus auf Rezensionen, gar um Hinweise zu Aufwand und Stellenbedarf ergänzt, mag unvermittelt erscheinen. Ein Blick in die Bewerbungen um akademische Stellen genügt, um festzustellen, dass Rezensionen in den Selbstdarstellungen zur Selbstdarstellung und Selbstmetrifizierung angehaltener Kolleginnen und Kollegen eigentlich keine Rolle spielen. Die meisten Kolleginnen und Kollegen kämen gar nicht auf die Idee, Rezensionen zur Selbstdarstellung zu nutzen. Wozu auch? Rasch klingt ein Generalverdacht durch: Das Rezensionswesen reproduziere schon über die Mechanismen der Zuweisung die Feudalstruktur des wissenschaftlichen Feldes.[6] Gerade an dieser Stelle sei Verkrustung unübersehbar und Hoffnung auf Durchlässigkeit völlig fehl am Platz. Eher müsse doch gefragt werden, wessen Strategien mit einer Stärkung des Rezensionswesens tatsächlich bedient werden. Von diesen Äußerungen ist es nicht weit bis zu einer Rehabilitierung selbstmetrifizierender Anstrengungen: Lieber noch einen Pakt mit industrieller Metrik eingehen, als sich einer Feudalstruktur auszuliefern. Das sei im Zweifelsfall demokratischer – und, wenn es um die Verteilung öffentlicher Mittel geht, noch eher zu rechtfertigen.

Dieser Auffassung lässt sich, gestützt auf den Rundgang durch drei Arrangements biografischer Inklusion, widersprechen: Gerade um den Fallstricken konservativer Kulturkritik zu entgehen, ist der Fokus auf Rezensionen äußerst

6 Diese und die folgenden kritischen Nachfragen äußerten die Teilnehmerinnen und Teilnehmer an dem in der ersten Fußnote genannten Workshop.

schlüssig. Rezensionen sind, bei strenger Betrachtung (und in einem institutionellen Umfeld, das eine solche Strenge begünstigt) kein Instrument, um unter dem Deckmantel allgemeiner kultureller Werte Partikularinteressen zu verfolgen (die eigenen Pfründe zu sichern). Eine solche Kritik übernimmt die Position des oben skizzierten wissenschaftspolitischen Diskurses: Wer Marktselektion in Verbindung mit industriellen Standards (der Metrifizierung) ablehnt, leiste Patronage und Feudalstrukturen Vorschub.

Dieser Vorwurf unterschätzt jedoch die industrielle und die inspirierte Seite von Rezensionen. Wenn Rezensionen eine solche Verbindung (Industrie/Inspiration) herstellen, dann läge hier ein Rechtfertigungsmuster vor, das die dominierende wissenschaftspolitische Problemformulierung (Markt/Industrie) herausfordert. Die Kennzeichen einer auch nach industriellen Maßstäben ›strengen‹ Praxis der Rezension, die zugänglich macht, wie sich Rezension inspirieren lässt, seien abschließend mit Verweis auf ein Modell begründet, das Luc Boltanski, auch an der Ausarbeitung der »Rechtfertigungsordnungen« beteiligt, zur Analyse eines Korpus von Leserbriefen entwickelt hat (Boltanski 1987).

Wenn mit Rezensionen in ein Format investiert wird, das Beziehungsarbeit in irreduzibler Weise erhält und das sich auf das Erschließen bis dahin unbekannter Perspektiven verpflichtet, dann setzt dies die Herrschaft über eine auf diskrete Maßzahlen gestützte Metrik, obgleich in Varianten ausgestaltet, unter Druck. Es ist dieser relationalen Qualität zuträglich, wenn sie durch Fachleute für Redaktion bearbeitet wird. Arbeitsteilung – die Delegation von Rezensionen an eine dafür spezialisierte Kaste, wäre dem Zwang zur Relationierung dagegen abträglich. Die Integration von Fremddarstellung und Selbstexposition unter Beachtung widerstrebender Gütekriterien – Originalitätsanspruch, disziplinäre Relevanz, Gründlichkeit – sollte aus einer Hand kommen.

Wenn das so ist, dann gibt keine andere zugängliche Quelle in derart komprimierter Weise mehr Aufschluss darüber, wie sich eine wissenschaftliche Autorin oder ein wissenschaftlicher Autor autorisiert und im Prozess der Urteilsbildung zugleich als Kollegin oder Kollege, Konkurrentin oder Konkurrent in Szene setzt.

Die Lösung, die das kleine Format der Rezension für scheinbar unzeitgemäße Fragen nach »biografischer Inklusion« oder gar »persönlicher Tugend« im Feld der Wissenschaft bereithält, liegt nicht darin, im Angesicht der Daueridentifikation durch im globalen Maßstab operierende Indizes eine neue Art von Anonymität zu erfinden. Im Gegenteil, Rezensionen bearbeiten eine partikulare Beziehung – zwischen der Autorin eines Werks und dem Autor einer Rezension. Darum setzen sie sich in der Tat dem Verdacht aus, sich an häusliche Beziehungen und deren Rangordnung zu halten. Wenn sie allerdings eine Forminvestition anstrengen, dann ändert sich alles. Dann wachsen jedoch nicht einzelne Beteiligte aus der Relation heraus, sondern die Beziehung verändert sich mit. Rezensionen zwingen zu riskanten Manövern, weil sie beides verschränken: die Kollektivierung partikularer Anliegen; die Distanzierung von persönlichen Nahbeziehungen (Boltanski 1987; vgl. Callon, Latour 1981). Diese Operationen der Vergrößerung lassen sich besser einsehen als Algorithmen, die Publikations- oder Zitationsmaße errechnen und verrechnen. Wie hier partikulare Positionen in Relation gesetzt werden und darüber gemeinsam an ›Größe‹ gewinnen, gibt Aufschluss darüber, wie die Kräfte eines Feldes entstehen (ebd.). Diese sind, mit anderen Worten, keine anonymen Strukturen. Zutreffender ist es davon zu sprechen, dass Rezensionen Urteilsbildung im praktischen, öffentlich zugänglichen Vollzug leisten.[7] Sie bringen dabei Gütekriterien in Anschlag, die wie Industriestandards global anerkannt sind. Sofern Gütekriterien Rezensionen nicht diktieren, bedarf ihre Anwendung der Übung. Während das Versprechen der Metrik, auch fachlich nicht eingeweihten Personen Zugang zu geben, weitgehend haltlos bleiben muss, bieten Rezensionen einen Standard, der auch entlang solcher Grenzen für Durchlässigkeit sorgt.

Reicht diese Durchlässigkeit, um Entscheidungen durch und für Organisationen zu rechtfertigen, die öffentliche Mittel binden? Wer würde so weit gehen, Standardformulare für die Aufbereitung von Bewerbungsdaten, die im Rahmen von Stellenbesetzungen auch an deutschen Hochschulen üblich geworden sind, zurückzuweisen und stattdessen energisch auf Rezensionen aufmerksam zu machen?[8]

Wer so vorgeht, kann sich leider nicht auf den oben erwähnten Dekan einer geistes- und sozialwissenschaftlichen Fakultät berufen. Dessen anlässlich des Ausscheidens eines über knapp zwei Jahrzehnte engagierten Kollegen zur Schau gestellte Missachtung einer komplexen Würdigung von Leben und Werk begann mit den Worten: »Ich habe Sie mal gegoogelt.« Überrascht

---

7 Für ein ähnliches Argument, vorgetragen als Kritik an einer Peer Review-Forschung, die sich auf nachträglich evaluierende Metrifizierung beschränkt (um auf dieser Basis Verzerrungen anprangern zu können), statt sich kollektiven Prozessen der Urteilsbildung zuzuwenden, vgl. Hirschauer (2004), Lamont (2009).

8 Vgl. Römer für eine Stellenbesetzung in einem ähnlich gelagerten Fall. Sie liegt allerdings 50 Jahre zurück und gilt als »fast einmaliger Vorgang« (2022: 271).

sei er dann gewesen, dass die an oberster Stelle genannten Treffer tatsächlich auf wissenschaftliche Werke verweisen. Was ich zu seiner Entlastung vorbringen könnte: Er sieht es zwar wie Google, aber hält die für seine Einschätzung herangezogene Metrik immerhin für erwähnenswert. Von den Anforderungen, die eine Rezension stellt, ist er offensichtlich weit entfernt.

Der auf diese Weise unehrenhaft Entlassene könnte sich trösten, weil er es mit seiner *research performance* auf ganz passable Maßzahlen gebracht hat. Aber er rezensiert auch. Ich kenne ihn vor allem über seine Rezensionen, weil er zu anderen Themen und mit anderen Methoden forscht. Ihren Höhepunkt erreichen (auch seine) Rezensionen, wenn es auf Namen, obwohl sie in diesem Genre auch gemacht werden, gar nicht mehr ankommt. Wenn dieser Eindruck entsteht, dann beweisen Rezensionen ein Gehör, das von der Daueridentifikation durch Forschungsinformation weit entfernt ist und inspiratorische Kraft beweist. Dieses Niveau von Anonymisierung hat nichts mit jenem Zustand gemein, der zuletzt für ein sehr frühes Karrierestadium in Anschlag gebracht wurde: Als wir, weit entfernt von einem zweifelhaften »metrischen Wir« (Mau 2017), ganze Sommer lang begeistert gelesen haben, obwohl uns Namen, Dynastien, Netzwerke und Disziplingrenzen buchstäblich nichts sagten (Felsch 2015).

Rezensionen beschwören kein Wir. Im Gegenteil, sie gewährleisten Alterität. Wer sich für eine Dekolonisierung der Soziologie ausspricht, sollte sich – und das ist bei Rezensionen unweigerlich – auch an der Praxis der Dekolonisierung beteiligen. Aus den genannten Gründen werden Berufungskommissionen, Agenturen für Zeitarbeit oder ein Betriebsclan darauf Wert legen. Die Einheit der Wissenschaft, abgestützt auf Qualitätsmerkmale, die in allen drei Arrangements zählen, läge dann in einer Differenz: »Ich bin ausweislich der vorgelegten Rezension nicht Hanna. Aber ich werde Hannas Argument übersetzen – in eine andere Sprache, in eine andere Disziplin, in den Kontext eines anderen Theorieprojekts.« und so weiter.[9]

9 Sprachbarrieren erweisen sich in dem Maß, in dem Metrifizierung Englisch als Fachsprache festschreibt, als beinahe unüberwindbar (Calkins, Rottenburg 2014); Rezensionen können sich diesem Zwang entziehen.

Repersonalisierung: Ein Forschungsdesiderat im Schatten einer vereinnahmenden Rezension

Das nun vorgetragene Argument reagiert auf eine bekannte wissenschaftspolitische Schieflage, die sich im Zuge einer unzureichenden Deutung und Bearbeitung zusehends verschlimmert. Gegenläufig zu einer vereinfachten Deutung in Kategorien von »allgemeiner Anonymität versus persönlicher Autorität« (oder »professioneller Selbstevaluation versus quantifizierter Fremdevaluation«) hat es für eine anspruchsvollere Konzeptualisierung geworben, die sich auf eine zwischen Soziologie der Kritik und Theorie der Akteursnetzwerke (ANT) entwickelte Forschungsperspektive stützt (Potthast 2017).

Ein für diese Verknüpfung höchst einflussreicher Beitrag kam einem Rezensionsaufsatz zu, der sich vor allem mit »Leviathan and the air-pump« (Shapin, Schaffer 1985) auseinandergesetzt hat (Latour 1990). Diese Rezension wurde ungewöhnlich oft zitiert; sie ist mit diesem Verschnitt (aus ANT und Soziologie der Kritik) in das Forschungsprogramm der Wissenschafts- und Technikforschung eingegangen. Mit dieser Prägung wurde die Frage nach biografischer Inklusion in einer Weise zurückgestellt, die sich zunächst als sehr produktiv, inzwischen aber auch als problematisch herausgestellt hat.

Steven Shapin, der eine Repersonalisierung wissenschaftlicher Tugend und des Vertrauens in wissenschaftliche Expertise in ganz unterschiedlichen Kontexten (Hochschulen, Industrieforschung und Spin-offs) nachgewiesen hat (Shapin 2008), musste sich dafür der Vereinnahmung durch die erwähnte und überaus einflussreiche Rezension eines früheren Werkes wieder entziehen. Denn zwischenzeitlich hat die in Zusammenarbeit mit Simon Schaffer erarbeitete Aufbereitung der Kontroverse zwischen Hobbes und Boyle (Shapin, Schaffer 1985) über die besagte Rezension hinaus auch als maßgebliche Vorarbeit Eingang in »Wir sind nie modern gewesen« (Latour 1995: 25 ff.) gefunden. Die dort entwickelte und über 22 Übersetzungen verbreitete Aufmerksamkeit für eine »Pragmatik von Inskriptionen« hat die Wissenschafts- und Technikforschung maßgeblich und in anhaltender Weise belebt (vgl. Shapin 1988). Sie hat Laborexperimenten »mehr Autorität« als den »Aussagen achtbarer Zeugen« zugebilligt (Latour 1995: 35). Die Frage nach biografischer Inklusion (Shapin 2008) hat diese Auffrischung hingegen zu Lasten einer ebenso simpel gestrickten wie universalen Akteursfiktion (eine durch und durch instrumentelle Handlungsorientierung; Shapin 1988: 544) zurückgestellt.

Literatur

Anon Collective 2021: Book of Anonymity. Milky Way, Earth: punctum books.

Bahr, Amrei / Eichhorn, Kristin / Kubon, Sebastian 2022: #IchBinHanna. Prekäre Wissenschaft in Deutschland. Berlin: Suhrkamp.

Barley, Stephen R. / Kunda, Gideon 2004: Gurus, Hired Guns, and Warm Bodies: Itinerant Experts in a Knowledge Economy. Princeton: UP.

Barley, Stephen R. / Kunda, Gideon 2006: Contracting: A New Form of Professional Practice. Academy of Management Perspectives, vol. 20, no. 1, 45–66.

Boltanski, Luc 1987: Bezichtigung und Selbstdarstellung. Die Kunst, ein normales Opfer zu sein. In Alois Hahn / Volker Kapp (Hg.) Selbstthematisierung und Selbstzeugnis: Bekenntnis und Geständnis. Frankfurt am Main: Suhrkamp, 149–169.

Boltanski, Luc / Chiapello, Eve 1999: Le nouvel esprit du capitalisme. Paris: Gallimard.

Boltanski, Luc / Thévenot, Laurent 2007: Über die Rechtfertigung. Eine Soziologie der kritischen Urteilskraft. Hamburg: Hamburger Edition.

Brose, Hanns-Georg/ Holtgrewe, Ursula / Wagner, Gabriele 1994: Organisationen, Personen und Biographien. Entwicklungsvarianten von Inklusionsverhältnissen. Zeitschrift für Soziologie, 23. Jg., Heft 4, 255–274.

Bude, Heinz 2015: Bildungspanik: Was unsere Gesellschaft spaltet. München: Hanser.

Calkins, Sandra / Rottenburg, Richard 2014: Getting Credit for What You Write? Conventions and Techniques of Citation. Zeitschrift für Ethnologie, Heft 139, 99–129.

Callon, Michel / Latour, Bruno 1981: Unscrewing the Big Leviathan. How Actors Macro-Structure Reality and How Sociologists Help Them to Do So. In Karin Knorr Cetina / Aaron V. Cicourel (eds.), Advances in Social Theory and Methodology. Toward an Integration of Micro- and Macro-Sociologies. London: Routledge, 277–303.

Deutschmann, Christoph 1989: Der Clan als Unternehmensmodell der Zukunft? Leviathan, 17. Jg., Heft 1, 85–107.

Espeland, Wendy Nelson / Sauder, Michael 2016: Engines of Anxiety: Academic Rankings, Reputation, and Accountability. New York: Russell Sage Foundation.

Felsch, Philipp 2015: Der lange Sommer der Theorie: Geschichte einer Revolte. München: Beck.

Graf, Angela / Keil, Maria / Ullrich, Peter 2020: Exit, Voice und Loyalty – (Un)Möglichkeiten kollektiven Widerspruchs im akademischen Mittelbau in Deutschland. Leviathan, 48. Jg., Heft 2, 293–317.

Guggenheim, Michael 2005: Organisierte Umwelt. Umweltdienstleistungsfirmen zwischen Wissenschaft, Wirtschaft und Politik. Bielefeld: transcript.

Hark, Sabine / Hofbauer, Johanna (Hg.) 2018: Vermessene Räume, gespannte Beziehungen: Unternehmerische Universitäten und Geschlechterdynamiken. Berlin: Suhrkamp.

Hirschauer, Stefan 2004: Peer Review auf dem Prüfstand. Zum Soziologiedefizit der Wissenschaftsevaluation. Zeitschrift für Soziologie, 33 Jg., Heft 1, 62–83.

Kamp, Albert 2014: Charta der Anonymen Akademiker. TUMULT. Vierteljahresschrift für Konsensstörung, Herbst, 97–100.
Lamont, Michèle 2009: How Professors Think. Inside the Curious World of Academic Judgement. Cambridge: Harvard UP.
Latour, Bruno 1990: Postmodern? No, Simply Amodern! Steps Towards an Anthropology of Science. Studies in the History and Philosophy of Science, vol. 21, no. 1, 145–171.
Latour, Bruno 1995: Wir sind nie modern gewesen. Versuch einer symmetrischen Anthropologie. Berlin: Akademieverlag.
Mau, Steffen 2017: Das metrische Wir. Berlin: Suhrkamp.
Neidhardt, Friedhelm 1991: Laudatio zur Verleihung des Arthur-Burkhardt-Preises 1991 an Renate Mayntz. KZfSS, 43. Jg., Heft 2, 402–404.
Pongratz, Hans J. 2022: Plattformen auf dem Arbeitsmarkt: Digitalisierung und Diversifizierung in der Beschäftigungsindustrie. KZfSS, 74. Jg., Heft 1, 133–157.
Potthast, Jörg 2017: The Sociology of Conventions and Testing. In Claudio Benzecry / Monika Krause / Isaac Ariail Reed (eds.), Social Theory Now. Chicago: UP, 337–360.
Reinhart, Martin 2022: Open Science as an Engine of Anxiety: How Scientists Promote and Defend the Visibility of Their Digital Selves, While Becoming Fatalistic about Academic Careers. In Andrea Mubi Brighenti (ed.) The New Politics of Visibility: Spaces, Actors, Practices and Technologies in the Visible. Bristol: Intellect Books, 175–200.
Rochlin, Gene I. 1997: Trapped in the Net. The Unanticipated Consequences of Computerization. Princeton: UP.
Römer, Oliver 2022: Literarische Produktionsverhältnisse. Zur Erfindung der Soziologie im Publikumsverlagswesen. Soziologie, 51. Jg., Heft 3, 256–274.
Schüll, Natasha Dow 2012: Addiction by Design: Machine Gambling in Las Vegas. Princeton: UP.
Shapin, Steven 1988: Following Scientists Around. Social Studies of Science, vol. 18, 533–550.
Shapin, Steven 2008: The Scientific Life. A Moral History of a Late Modern Vocation. Chicago: UP.
Shapin, Steven / Schaffer, Simon 1985: Leviathan and the Air-pump: Hobbes, Boyle and the Experimental Life. Princeton: UP.
Stäheli, Urs 2021: Soziologie der Entnetzung. Berlin: Suhrkamp.
Subramaniam, Banu 2014: Ghost Stories for Darwin: The Science of Variation and the Politics of Diversity. Champaign: Illinois UP.
Thévenot, Laurent 1984: Rules and Implements: Investment in Forms. Social Science Information, vol. 23, no. 1, 1–45.
Verheyen, Nina 2018: Die Erfindung der Leistung. Berlin: Hanser.
Zimmermann, Bénédicte 2011: Ce que travailler veut dire. Une sociologie des capacités et des parcours professionnels. Paris: Economica.

Soziologie, 52. Jg., Heft 1, 2023, S. 68–71

Neuorientierung der Methoden-Ausbildung

Ein kurzer Problemaufriss[1]

Andreas Diekmann

Wie in vielen Disziplinen gibt es heute eine teilweise erhebliche Diskrepanz zwischen Lehrbuchwissen/Inhalten von Methodenkursen und dem Stand der Forschung. Man könnte mit Ogburn von einem »cultural lag« sprechen; einer Lücke, die auch durch den rasanten Fortschritt von Digitalisierung und Technologieentwicklung bedingt ist. Das bisherige Programm von Methodenkursen muss modernisiert und an diese Entwicklungen angepasst werden. Wenn das nicht geschieht, wird die Soziologieausbildung gegenüber anderen Sozialwissenschaften ins Hintertreffen geraten. Neuentwicklungen gibt es im Bereich der *Datenquellen*, dem *Design von Erhebungen*, der *Datenanalyse* und der *Archivierung der Daten – Stichwort »Open Science«*. Dieser kurze Problemaufriss soll einen Anstoß zur Reform der Methodenausbildung geben.

Neue Daten

Beruhte der Großteil standardisierter Forschung auf Surveydaten, so sind durch Digitalisierung zahlreiche neue Datenquellen hinzugekommen. Dazu zählen Sensordaten in unterschiedlichen Bereichen, Texte im WWW, aus denen mit Webscraping strukturierte Daten gewonnen werden können und georeferenzierte Daten, mit denen kleinräumig zu verschiedenen sozialwissenschaftlichen Aspekten – sowohl für explorative als auch und besonders für theorieorientierte Studien – ein großes Potential neuer Informationen vorliegt. Oft können diese Daten auch mit Surveydaten verlinkt werden.

1 Dieser Text war eine Vorlage für das Konzil der DGS und wurde in der Sitzung am 29. Oktober 2022 in Bielefeld zur Diskussion gestellt.

Einige Beispiele: (1) Über die Auswirkungen des 9-Euro-Tickets auf veränderte Mobilitätsmuster informieren unter anderem Mobilfunkdaten. (2) Per Webscraping wurden in einer Studie mehrere Hunderttausend eBay-Auktionen analysiert, um neue Erkenntnisse über Reputationseffekte bei wirtschaftlichen Transaktionen zu gewinnen. (3) In einer soziologischen Umweltstudie wurden Surveydaten aus der Befragung von Haushalten mit georeferenzierten Registerdaten von Lärm und Luftverschmutzung verknüpft, so dass zum Beispiel die Stärke der Abhängigkeit der Umweltbelastung vom Sozialstatus und anderen Merkmalen des Haushalts ermittelt werden kann. (4) Früher wurden zum Beispiel Hemmnisse der Erwerbstätigkeit von Frauen ausschließlich per Surveystudien untersucht. Heute kann man mit georeferenzierten Daten den räumlichen Kontext beschreiben, die Distanz zu Kinderkrippen, Schulen, Einkaufsmöglichkeiten, ÖV-Haltestellen, Naherholung, Parks und vieles andere mehr. Diese Daten können zudem mit Befragungsdaten anonymisiert verknüpft werden. Das spart nicht nur Zeit bei Surveys, sondern ermöglicht auch validere Aussagen als bei ausschließlich selbstberichteten Informationen. Ferner können die räumlichen Daten in Geoinformationssystemen (GIS) ausgewertet und grafisch dargestellt werden. Um diese Datenquellen zu erschließen und auszuwerten, bedarf es aber auch entsprechender Kompetenzen, die in der Ausbildung bisher nicht vermittelt wurden.

Erhebungsdesigns

Querschnitts-Korrelationsanalysen führen häufig in die Irre, wenn es um die Aufklärung kausaler Zusammenhänge geht. Seit einigen Jahren werden auch in den Sozialwissenschaften vermehrt *randomized controlled trials* durchgeführt (RCT-Studien). Für den innovativen Einsatz dieser Methodik in der Armuts-, Gesundheits- und Entwicklungsforschung haben kürzlich Abhijit Banerjee und Esther Duflo den Nobelpreis erhalten. Nicht immer sind RCT-Designs realisierbar, aber es gibt oft Näherungen, die in Verbindung mit entsprechenden Auswertungsmethoden valide Erkenntnisse zur Wirkung (oder Nicht-Wirksamkeit) von Maßnahmen liefern (zum Beispiel Diff-in-Diff-Design). Die Expertenkommission zur Wirksamkeit von Maßnahmen in der Corona-Krise hat festgehalten, dass man außer der Wirksamkeit von Masken eigentlich überhaupt nicht weiß, in welchem Ausmaß die zahlreichen Maßnahmen wie Lockdown oder Schulschließung die Ausbreitung der Epidemie gebremst haben. Mehr als kleine Befragungsstudien (zum Beispiel die COSMO-Studien) gab es in Deutschland in den Sozialwissenschaften nicht. Aussagekräftige Erhebungen und Designs wären in vielen Bereichen einsetzbar. Auch diese Kompetenzen sollten in der Methodenausbildung vermittelt werden.

Datenanalyse

Früher hat man viel zu optimistisch geglaubt, dass Querschnitts-Surveydaten Aufschluss über kausale Effekte geben können, wenn nur für möglichst viele andere Merkmale ›kontrolliert‹ wird. *Overcontrol* und unbeobachtete Heterogenität kann aber zu krassen Fehlschätzungen führen. Beispiel: Regressionsschätzungen mit ›Kontrollvariablen‹ zeigen, dass Kohabitation vor der Eheschließung das Scheidungsrisiko erhöht; der tatsächliche kausale Effekt ist aber genau umgekehrt. In der Gesundheitsforschung wurde lange Zeit von einer U-Kurve zwischen Alkoholkonsum und Mortalität gesprochen. Abstinenz wäre demnach ungesund, mäßiger Konsum von Alkohol gesünder, viel Alkohol natürlich ungesund. Leider ist es nicht so. Heute weiß man, dass die Abstinenzler in den Studien eine teilweise selektive Gruppe von Personen waren, die aus Krankheitsgründen keinen Alkohol konsumierten oder früher Alkoholiker waren. Tatsächlich steigt das Risiko monoton mit dem Konsum. Inzwischen unterscheidet man auch genauer bei multivariablen Analysen zwischen verschiedenen Arten von potentiell unabhängigen Variablen: *Confounders, Mediators, Colliders.* Hier zeigt sich übrigens auch wieder die Bedeutung theoriegeleiteter Forschung. Denn die Rolle, die die Variablen einnehmen, hängt auch von theoretischen Vorüberlegungen ab. *Confounders* sollen in Regressionsschätzungen aufgenommen werden, *mediators* und *colliders* nicht, wenn das Ziel die näherungsweise Schätzung kausaler Einflüsse ist. Bei Querschnittsdaten bleibt natürlich das Problem, dass man gar nicht alle *confounders* kennt (unbeobachtete Heterogenität). Seit einigen Jahren (in der statistischen Literatur einigen Jahrzehnten) wird diesen Problemen aber in wachsendem Maße in den Sozialwissenschaften Rechnung getragen. Und zwar mittels Paneldaten und *Fixed-Effects*-Regression, wodurch (zeitkonstante) unbeobachtete Heterogenität quasi ausgeblendet werden kann. Die Anwendung dieser Modelle ist ein ganz wesentlicher Fortschritt! Es ist zwar nicht der Goldstandard, aber auf diese Weise können kausale Wirkungen anhand nicht-experimenteller Daten relativ verlässlich ermittelt werden. In der Soziologie werden diese Verfahren auch häufig angewandt – ich staune über die vielen professionellen Arbeiten vieler unserer Nachwuchswissenschaftlerinnen und Nachwuchswissenschaftler. Aber die Varianz der Kompetenzen ist in unserem Fach sehr groß! Deshalb gehören Grundkenntnisse dieser Methoden in die Standard-Methodenausbildung!

Noch ein Punkt. In den letzten Jahren wächst die Kritik an der Signifikanzstatistik. Ich würde nicht so weit gehen und einer Abschaffung das Wort reden, wie das bereits Fachzeitschriften praktizieren. Die ritualisierte Anwendung ist aber höchst fragwürdig – Ziliak und McCloskey kritisieren schon 2008 »The Cult of Statistical Significance«. Der Medizinstatistiker Ioannidis hat 2005 in seinem vielzitierten Artikel »Why most published research findings are false« (über 11.600 Zitationen bei Google Scholar!) auf die Überschätzung der Aussagekraft der Tests hingewiesen. Psychologische Fachzeitschriften setzen derzeit neue Standards, welche Parameter bei dem Einsatz von Signifikanztests berichtet werden sollen (Sternchen allein genügen sicher nicht!). Die kritische Einschätzung von Signifikanztests muss auch in der Ausbildung stärker zur Sprache kommen!

Open Science

Nicht zuletzt durch Fälschungsskandale und Nicht-Reproduzierbarkeit hat die Open-Science-Initiative an Unterstützung gewonnen. Dazu gehört vor allem die niedrigschwellige Verfügbarmachung dokumentierter Forschungsdaten in einem Datenarchiv; des Weiteren die Präregistrierung von Hypothesen und die Setzung von Anreizen für (sorgfältige) Replikationsstudien. Präregistrierung ist natürlich nur möglich bei theoriegeleiteter Forschung, nicht bei explorativen Studien (die zweifellos sehr sinnvoll sein können). Für Replikationen gilt: Jede gut gemachte und methodisch solide Replikationsstudie ist ein Beitrag zum Kollektivgut der Verlässlichkeit wissenschaftlicher Erkenntnisse. Weiteres zum Open-Science-Projekt findet man in dem von Brian Nosek mitgegründeten »Center for Open Science« (www.cos.io). Wichtig ist, dass auch in der Ausbildung für diese Themen sensibilisiert wird!

Unmittelbar nach Erscheinen dieser Ausgabe der SOZIOLOGIE stehen im Januar 2023 wieder die DGS-Gremienwahlen an. Zur Information der Mitglieder haben wir uns entschieden, die neue Fassung der DGS-Satzung, die im Frühjahr 2022 von der Mitgliedschaft der DGS angenommen wurde, hier zu veröffentlichen. Die Satzungsänderung wird mit der (beantragten, aber vor Drucklegung noch nicht vollzogenen) Eintragung in das Vereinsregister wirksam.

Satzung der Deutschen Gesellschaft für Soziologie (DGS)[1]

§ 1 Zielsetzung der Gesellschaft

Die DGS ist eine wissenschaftliche Fachgesellschaft. Sie hat den Zweck, Soziologie in Forschung und Lehre und den wissenschaftlichen Nachwuchs sowie die öffentliche Präsenz des Faches und den Gedankenaustausch ihrer Mitglieder zu fördern. Sie wirkt an der Verbreitung und Vertiefung soziologischer Denkweisen mit, beteiligt sich an der Klärung von Fach- und Studienfragen der Soziologie und fördert die Internationalität des Faches. Der Satzungszweck wird insbesondere verwirklicht durch die Durchführung der Kongresse der DGS und weiterer Tagungen *im In- und Ausland*, die Einrichtung und Unterstützung ihrer Sektionen sowie die Herausgabe von Publikationen.

§ 2 Gemeinnützigkeit

(1) Die DGS ist in das Vereinsregister eingetragen. Sie verfolgt ausschließlich und unmittelbar die in § 1 genannten gemeinnützigen Zwecke im Sinne des Abschnitts »Steuerbegünstigte Zwecke« der Abgabenordnung.
(2) Die DGS ist selbstlos tätig und verfolgt nicht in erster Linie eigenwirtschaftliche Zwecke.
(3) Mittel der DGS dürfen nur für satzungsmäßige Zwecke verwendet werden. Die Mitglieder erhalten keine Zuwendungen aus Mitteln der DGS.
(4) Es darf keine Person durch Ausgaben, die dem Zweck der DGS fremd sind, oder durch unverhältnismäßig hohe Vergütungen begünstigt werden.

§ 3 Sitz der Gesellschaft

Sitz der DGS ist München (Amtsgericht München).

§ 4 Geschäftsjahr

Das Geschäftsjahr läuft vom 1.1. bis 31.12. jedes Jahres.

---

1 *Anm. der Redaktion:* Die beschlossenen Änderungen sind kursiv hervorgehoben.

§ 5 Mitglieder

(1) Ordentliche Mitglieder der DGS können alle Personen werden, die über einen Hochschulabschluss in der Soziologie oder einen gleichwertigen sozialwissenschaftlichen Abschluss verfügen. Liegt dieser nicht vor, so können sozialwissenschaftliche Publikationen oder eine längere kontinuierliche Tätigkeit auf dem Gebiet der Soziologie als Voraussetzung für die Mitgliedschaft anerkannt werden.

(2) Studentische Mitglieder können alle Personen werden, die im Hauptfach Soziologie oder Sozialwissenschaften an einer Hochschule studieren. Studentische Mitglieder besitzen das aktive Wahlrecht *sowie das passive Wahlrecht für das Konzil.*

(3) Von den Mitgliedern gemäß Abs. 1 und 2 werden Beiträge erhoben.

§ 6 Aufnahme von Mitgliedern

(1) Die Aufnahme der *Mitglieder erfolgt auf eigenen schriftlichen Antrag.

(2) Die Entscheidung über die Aufnahme neuer Mitglieder trifft der Vorstand. Über einen Widerspruch gegen eine Ablehnung des Antrages entscheidet das Konzil.

(3) Über den Ausschluss eines Mitgliedes entscheidet das Konzil.

§ 7 Korrespondierende Mitglieder

(1) Personen, die sich auf dem Gebiet der Sozialwissenschaften ausgezeichnet haben, können korrespondierende Mitglieder der DGS werden. Die Aufnahme erfolgt auf Vorschlag eines ordentlichen Mitglieds durch Mehrheitsbeschluss des Vorstands.

(2) Korrespondierende Mitglieder zahlen keinen Mitgliedsbeitrag und können an allen Veranstaltungen der DGS teilnehmen. Sie haben kein Wahl- und Stimmrecht.

§ 8 Ehrenmitgliedschaft

Die DGS kann Personen, die sich um die Soziologie in besonderer Weise verdient gemacht haben, die Ehrenmitgliedschaft antragen. Der Beschluss zur Ernennung eines Ehrenmitgliedes erfolgt auf Vorschlag des Vorstands durch das Konzil mit Zweidrittel-Mehrheit seiner Mitglieder.

§ 9 Organe der Gesellschaft

Die Organe der DGS sind:

1. die Mitgliederversammlung
2. das Konzil

---

* *ordentlichen* gestrichen

3. die Versammlung der Sektionssprecherinnen bzw. -sprecher
4. der Vorstand, dem die/der Vorsitzende und sechs weitere Mitglieder angehören.

§ 10 Die Gesamtheit der Mitglieder und die Mitgliederversammlung

(1) Die Mitglieder beschließen gemäß § 15 Abs.1 Ziffer 1 durch Briefwahl bzw. -abstimmung oder entsprechend gesicherte elektronische Formen der Stimmabgabe innerhalb von 4 Wochen nach Beginn der Abstimmung über folgende Fragen:
   1. Wahl der/des Vorsitzenden der DGS
   2. Wahl der weiteren Vorstandsmitglieder
   3. Wahl der Mitglieder des Konzils
   4. Änderung der Satzung
   5. Auflösung der DGS
   6. Weitere Fragen, die gemäß Abs. 3 der Gesamtheit der Mitglieder vorgelegt werden.

(2) Alle zwei Jahre ist vom Vorstand, in der Regel während der Kongresse der DGS, eine Mitgliederversammlung einzuberufen.

(3) Abstimmungen der Gesamtheit der Mitglieder gemäß § 15 Abs. 1 Ziffer 1, werden von der/dem Vorsitzenden aufgrund von Beschlüssen des Konzils, des Vorstands, der Zweidrittel-Mehrheit der Mitgliederversammlung über eine bestimmte, von der Versammlung formulierte Frage oder von mindestens zehn Prozent der Mitglieder eingeleitet.

(4) Beschlüsse der Gesamtheit der Mitglieder beziehungsweise der Mitgliederversammlung werden von der/dem Vorsitzenden und einem weiteren Mitglied des Vorstands beurkundet.

§ 11 Das Konzil

(1) Das Konzil besteht aus 30 gewählten *Mitgliedern der DGS. *Davon dürfen maximal 24 Personen Hochschullehrende sein, mindestens 4 Personen müssen Mittelbauler:innen und maximal 2 Personen dürfen Studierende sein – jeweils zum Zeitpunkt ihrer Wahl.* Jedes Mitglied des Konzils hat eine Stimme. Sie kann nicht delegiert werden. Vorstandsmitglieder können nicht gleichzeitig Mitglieder des Konzils sein. Das Konzil tritt mindestens einmal im Jahr zusammen. Alle Mitglieder der DGS müssen von der Einberufung des Konzils benachrichtigt werden. Tagesordnung und Ergebnisse sind allen Mitgliedern der DGS mitzuteilen. Das Konzil wird von der/dem Vorsitzenden der DGS

* *ordentlichen* gestrichen

unter Übersendung einer Tagesordnung und mit einer Frist von 4 Wochen einberufen. Die/der Vorsitzende leitet Konzilssitzungen ohne Stimmrecht.

(2) Das Konzil muss zu einer außerordentlichen Sitzung einberufen werden, wenn

1. der Vorstand
2. ein Drittel der Mitglieder des Konzils oder
3. zwei Drittel der Mitgliederversammlung oder
4. mindestens zehn Prozent der Gesamtheit der Mitglieder der DGS dies verlangen.

(3) Die Aufgaben des Konzils sind:

1. Entgegennahme und Diskussion des jährlichen Rechenschaftsberichts des Vorstandes
2. *Feststellung der Jahresrechnung der DGS inklusive ihrer Sektionen*
3. Entlastung des Vorstandes
4. Bestätigung der Einrichtung ständiger Ausschüsse des Vorstandes gemäß § 12 Abs. 7
5. Einrichtung oder Auflösung sowie Namensänderung von Sektionen
6. Endgültige Entscheidung in Fällen, in denen Satzung und Geschäftsordnung Berufungsmöglichkeiten vorsehen
7. Erlass und Änderungen von Verfahrensordnungen der DGS nach Vorschlag des Vorstandes
8. Beschlussfassung über Vorschläge der Gesamtheit der Mitglieder nach § 10 Abs. 1 Ziffer 6
9. Beschlussfassung über die Mitgliedschaft der DGS in anderen Organisationen und Wahl der Vertreter der Gesellschaft in diesen Organisationen
10. Entscheidungen über den Ausschluss von Mitgliedern und über einen Widerspruch gegen die Ablehnung eines Aufnahmeantrages durch den Vorstand gemäß § 6 Abs. 2
11. Festsetzung des Mitgliedsbeitrags
12. Ernennung von Ehrenmitgliedern der DGS gemäß § 8
13. Entscheidungen in Grundsatzfragen, insoweit diese der Gesamtheit der Mitglieder vorgelegt werden.

§ 12 Der Vorstand

(1) Der Vorstand besteht aus:

1. der/dem Vorsitzenden
2. *acht* weiteren gewählten Mitgliedern.

(2) Von diesen 9 Personen dürfen maximal 7 Personen Hochschullehrende sein, mindestens 2 Personen müssen Mittelbauler:innen sein – jeweils zum Zeitpunkt ihrer Wahl. Zusätzlich wird ein studentischer Beirat ohne Stimmrecht eingerichtet, Genaueres regelt die Wahl- und Verfahrensordnung.

(3) Die/der Vorsitzende der DGS muss ordentliches Mitglied der Gesellschaft sein und wird gemäß § 15 Abs. 1 Ziffer 1 gewählt. Wiederwahlen sind möglich. Die ununterbrochene Amtszeit beträgt maximal vier Jahre.

(4) Die/der Vorsitzende beruft die Sitzungen des Vorstandes, des Konzils, die Mitgliederversammlungen und die Versammlungen der Sektionssprecherinnen bzw. -sprecher ein. Sie/er leitet die Vorstandssitzungen und die Mitgliederversammlungen mit Stimmrecht und die Sitzungen des Konzils sowie die Versammlung der Sektionssprecherinnen bzw. -sprecher ohne Stimmrecht.

(5) Die/der Vorsitzende vertritt die DGS gemäß § 26 BGB nach außen.

(6) Der Vorstand wählt in der konstituierenden Sitzung aus seinen Reihen

1. eine stellvertretende Vorsitzende/einen stellvertretenden Vorsitzenden
2. die Schatzmeisterin/den Schatzmeister
3. eine Beauftragte/einen Beauftragten für die Sektionen.

Darüber hinaus können weiteren Vorstandsmitgliedern spezielle Aufgabenbereiche übertragen werden.

(7) Der Vorstand leitet die DGS selbständig im Rahmen der Beschlüsse der Gesamtheit der Mitglieder, der Mitgliederversammlung und des Konzils.

(8) Der Vorstand kann ständige Ausschüsse berufen. Sie werden von einem Vorstandsmitglied geleitet und sind vom Konzil zu bestätigen.

(9) Der Vorstand beschließt über:

alle Fragen von grundsätzlicher Bedeutung für die laufenden Aufgaben der DGS.

1. die Einrichtung einer Geschäftsstelle zur Unterstützung seiner Arbeit und über deren Sitz.
2. die Aufnahme von Mitgliedern gemäß § 6 und korrespondierenden Mitgliedern gemäß § 7 Abs. 1.
3. Die Vorbereitung und Organisation der Kongresse der DGS und weitere Tagungen der Gesellschaft.
4. Vorschläge zur Einrichtung, Schließung oder Namensänderung von Sektionen an das Konzil.

5. Vorschläge zur Beschlussfassung im Konzil für Kandidaturen zu den Wahlen der /des Vorsitzenden *und* des Vorstandes*, die zuvor der Versammlung der Sektionssprecherinnen bzw. -sprecher gemäß § 14 Ziffer 2 zur Kenntnis zu geben sind.
6. die Einsetzung von befristeten Arbeitsgruppen.

§ 13 Sektionen

(1) Die DGS richtet für spezielle thematische Bereiche Sektionen ein. Diese sind innerhalb der DGS die wichtigsten Foren einer kontinuierlichen fachwissenschaftlichen, interdisziplinären und öffentlichen Diskussion von Forschungsansätzen und -ergebnissen. Die Sektionen berichten dem Vorstand in der Regel jährlich über ihre Arbeit.

(2) Die Sektionen sind an der Organisation der Kongresse der DGS und der thematischen Ausrichtung weiterer, von der Gesellschaft veranstalteter, Tagungen zu beteiligen. Über diese Beteiligung hinaus veranstaltet jede Sektion in der Regel jährlich eine eigene Tagung.

(3) Als Verbindungsperson zur DGS wählt jede Sektion eine Sprecherin/einen Sprecher. Das Ergebnis der Wahl ist dem Vorstand und durch diesen dem Konzil unverzüglich mitzuteilen. Die Sprecherin/der Sprecher muss Mitglied der DGS sein. Sie/er ist Mitglied der Versammlung der Sprecherinnen/Sprecher gemäß § 9 Ziffer 3. Im Verhinderungsfall der Sprecherin/des Sprechers bestimmt sie/er eine Sitzungsvertretung. Diese Person muss ebenfalls Mitglied der DGS sein.

(4) Die Sektionen können sich eine Ordnung geben. Den Rahmen hierfür gibt eine Musterordnung vor. Die Sektionsordnung ist dem Vorstand anzuzeigen.

(5) Innerhalb einer oder mehrerer Sektionen können von diesen spezialisiertere Arbeitsgemeinschaften eingerichtet werden, die dem Vorstand der DGS anzuzeigen sind.

(6) Sektionen, die zwei Jahre lang keine Tagung veranstaltet haben, werden vom Vorstand aufgefordert, einen Tätigkeitsbericht über die vergangenen Jahre und einen Tätigkeitsplan für die nächsten zwei Jahre einzureichen. Bleiben Tagungen und Berichte weiterhin aus, kann das Konzil auf Vorschlag des Vorstandes diese Sektion auflösen.

§ 14 Versammlung der Sektionssprecherinnen bzw. Sektionssprecher

(1) Die Versammlung der Sektionssprecherinnen bzw. -sprecher besteht aus den Sprecherinnen/den Sprechern der Sektionen gemäß § 13 Abs. 3 und

* *und des Konzils* gestrichen

tritt mindestens einmal im Jahr zusammen. Die/der Vorsitzende schlägt in Abstimmung mit der/dem Beauftragten für die Sektionen eine Tagesordnung vor und beruft die Versammlung mit einer Frist von 4 Wochen ein. Die/der Vorsitzende leitet diese Versammlung ohne Stimmrecht.

(2) In der Versammlung informieren sich die Sektionen über ihre Arbeit. Die Versammlung wird über die *vorgeschlagenen Kandidaturen zu den Wahlen der/des Vorsitzenden, des Vorstandes und des Konzils unterrichtet. Sie kann eigene Vorschläge hinzufügen. Darüber hinaus kann sie zu allen wichtigen Angelegenheiten der DGS, insbesondere zur Einrichtung oder Aufhebung von Sektionen oder zu vorgeschlagenen Namensänderungen gemäß § 12 Abs. 8 Ziffer 5, Stellung nehmen und Empfehlungen aussprechen.

§ 15 Wahlverfahren

(1) Die Besetzung der Wahlämter der DGS erfolgt nach einer Wahlordnung. Diese ist auf Vorschlag des Vorstandes vom Konzil zu beschließen. Dabei sind folgende Grundsätze zu beachten:

1. Wahlen und Abstimmungen der Mitglieder gemäß § 10 finden durch Briefwahl beziehungsweise -abstimmung oder eine entsprechend gesicherte elektronische Form der Stimmabgabe statt.
2. Die/der Vorsitzende und die weiteren Mitglieder des Vorstandes werden von der Gesamtheit der Mitglieder aus den ordentlichen Mitgliedern auf zwei Jahre gewählt.
3. Für die Wahl der/des Vorsitzenden müssen mindestens zwei Kandidatinnen/Kandidaten aufgestellt werden. Die/der Vorsitzende der DGS muss mit der absoluten Mehrheit der abgegebenen Stimmen der Mitglieder gewählt werden. Ergibt sich keine absolute Mehrheit, so erfolgt im Konzil eine Stichwahl zwischen den beiden *Kandidierenden* mit den meisten Stimmen.
4. Die Mitglieder des Konzils gemäß § 11 Abs. 1 werden von der Gesamtheit der Mitglieder auf vier Jahre gewählt und zwar so, dass alle zwei Jahre die Hälfte des Konzils neu gewählt wird. Wiederwahl ist möglich. Die ununterbrochene Amtszeit beträgt maximal acht Jahre. Jedes Mitglied hat 15 Stimmen. Stimmenkumulation ist nicht möglich.
5. Die Aufstellung der *Kandidierendenliste* erfolgt durch das Konzil auf Vorschlag *der Mitglieder, der Sektionen und der Konzilsmitglieder* und nach

* *vom Vorstand dem Konzil* gestrichen

Stellungnahme der Versammlung der Sektionssprecherinnen bzw. -sprecher gemäß § 14 Abs. 2 S. 4.

6. Bei allen Wahlen sind auch ordentliche Mitglieder wählbar, die nicht im *Kandidierendenvorschlag* enthalten sind.

§ 16 Verfahrensregeln

(1) Eine vom Konzil auf Vorschlag des Vorstandes zu erlassende Verfahrensordnung für die Organe der DGS gemäß § 9 hat folgende Grundsätze zu beachten:
   1. Bei Wahlen durch die Gesamtheit der Mitglieder gemäß § 15 Abs. 1 Ziffer 1 entscheidet die einfache Mehrheit der abgegebenen Stimmen.
   2. Das Konzil entscheidet in der Regel mit einfacher Mehrheit. Es ist beschlussfähig, wenn mindestens die Hälfte seiner Mitglieder anwesend ist. Wird bei einem Konzil die Beschlussfähigkeit nicht erreicht, so ist das nächste Konzil für die Tagesordnungspunkte des vorher erfolglos einberufenen Konzils beschlussfähig, wenn mindestens zehn Mitglieder anwesend sind.
   3. Der Vorstand entscheidet mit einfacher Stimmenmehrheit. Er ist beschlussfähig, wenn mindestens fünf seiner Mitglieder, darunter die/der Vorsitzende oder seine Stellvertreterin/sein Stellvertreter, an der Beschlussfassung beteiligt sind.

§ 17 Satzungsänderung

Auf Antrag des Vorstandes, des Konzils oder von mindestens zehn Prozent der ordentlichen Mitglieder, kann die Gesamtheit der Mitglieder Änderungen dieser Satzung beschließen. Die Änderungen bedürfen einer Zweidrittel-Mehrheit der abgegebenen Stimmen.

§ 18 Austritt

(1) Der Austritt aus der DGS, der schriftlich zu erklären ist, kann jederzeit erfolgen. Durch den Austritt wird die Beitragspflicht für das laufende Geschäftsjahr nicht berührt.

(2) Darüber hinaus erlischt die Mitgliedschaft, wenn ein Mitglied nach erfolgloser Mahnung mit mehr als einem Jahresbeitrag im Rückstand oder gemäß § 6 Abs. 3 aus der DGS ausgeschlossen worden ist.

§ 19 Auflösung

(1) Die Auflösung der DGS erfordert drei Viertel der abgegebenen Stimmen der Mitglieder.

(2) Bei Auflösung der DGS oder bei Wegfall steuerbegünstigter Zwecke fällt das zu diesem Zeitpunkt etwa vorhandene Vermögen nach Begleichung aller Verbindlichkeiten der DGS an die Deutsche Forschungsgemeinschaft, die es unmittelbar und ausschließlich zur Förderung der Forschung und Lehre auf dem Gebiet der Soziologie zu verwenden hat.

§ 20 *Schlussbestimmungen*
Diese veränderte Satzung tritt nach Annahme durch die Beschlussfassung der Gesamtheit der Mitglieder mit der Eintragung ins Vereinsregister in Kraft. *Der Vorstand wird ermächtigt, Auflagen im Zusammenhang mit der Änderung der Satzung des zuständigen Finanzamts umzusetzen und hiervon die Mitgliederversammlung und das Konzil in Kenntnis zu setzen sowie die Änderungen ins Vereinsregister eintragen zu lassen.*

***

Ausführungsbestimmungen ›Stärkung der Sektionen‹ (Stand 13. Mai 2022)

Versammlung der Sprecherinnen und Sprecher der Sektionen
Die/Der Beauftragte für die Sektionen im DGS-Vorstand wird jährlich in Zusammenarbeit mit einer nach Satz 3 zu wählenden Person ein separates Treffen der Sprecher:innen der Sektionen jenseits der Sprecher:innen-Versammlung organisieren, dessen Sitzungsleitung eine Person aus dem Sprecher:innenkreis innehaben soll. Diese Versammlung soll grundsätzliche Fragen der Kooperation zwischen den Sektionen, die Vorbereitung von Nominierungen und allgemeine Problemstellungen der DGS und des Faches erörtern sowie gegebenenfalls Empfehlungen formulieren. Auf den Sprecher:innen-Versammlungen wird aus und von ihren Mitgliedern die Person gewählt, die das nächste Treffen gemeinsam mit der/dem Beauftragten aus dem DGS-Vorstand vorbereitet und die Tagesordnung festlegt. Das Protokoll der Sitzung wird auch dem Vorstand zugänglich gemacht.

Nominierungsverfahren
(Details siehe entsprechende Ausführungsbestimmungen)
Die Sektionen sollen außerdem dadurch gestärkt werden, dass sie über die Sprecher:innen-Versammlung bei den Gremienwahlen 1 Person für den Vorsitz, max. 6 Personen für den Vorstand und 10 Personen für die Wahlen des Konzils nominieren (siehe die Ausführungsbestimmungen zu Nominierungen).

Kongress
Die Sektionen sollen von Beginn an und durchgängig in die Vorbereitung des Soziologie- Kongresses einbezogen werden. So soll die Sprecher:innen-Versammlung zusätzlich einmal pro Kongress in der Themenfindungsphase einberufen werden, um entsprechende Mitgestaltungsmöglichkeiten zu eröffnen. Die Sektionssprecher:innen werden zudem regelmäßig über die Zwischenschritte der Planung (i.d.R. nach den Vorstandssitzungen) informiert.

***

Ausführungsbestimmungen ›Nominierungsverfahren‹ (Stand 13. Mai 2022)

Gliederung der DGS-Mitgliedschaft in Statusgruppen
- Hochschullehrer:innen und sonstige Promotionsabnahmeberechtigte
- Mittelbau (wissenschaftlich und außerwissenschaftlich Tätige ohne Promotionsabnahmeberechtigung)
- Studierende

Wahlen zum Vorsitz
Min. 2 Kandidierende für 1 Platz

Nominierung von 1 Kandidierende:r durch den Vorstand und 1 Kandidierende:r durch die Sprecher:innen-Versammlung.

Der Vorstand nominiert seine/n Kandidierenden nach Ablauf der Frist für die Nominierung durch die Sprecher:innen-Versammlung (also in Kenntnis derselben).

Mitglieder der DGS können zusätzlich ihre Bereitschaft zur Kandidatur dem Konzil anzeigen.

Annahme und ggf. Veränderung der Nominierungsliste durch das Konzil

Bei einer ausbleibenden Nominierung durch die Sprecher:innen-Versammlung schlägt der Vorstand eine zweite Person vor, bei weniger als 2 Nominierungen durch den Vorstand füllt das Konzil die Liste auf.

Wahlen zum Vorstand (exklusive Vorsitz)
Min. 12, höchstens 16 Kandidierende für 8 Plätze

Nominierung von 10 Kandidierenden durch den Vorstand und von max. 6 Kandidierenden, durch die Sprecher:innen-Versammlung.

Die Kandidierendenliste für den Vorstand soll sich aus max. 12 Personen der Statusgruppe Hochschullehrer:innen und min. 4 Personen der Statusgruppe Mittelbau zusammensetzen.

Jede Sektion kann 1 Person nominieren, mehrere Sektionen können sich auf eine/n gemeinsame Kandidierende:n einigen und diese/n mit entsprechend vielen Stimmen ausstatten.

Die max. 6 Sektionskandidierenden mit den meisten Stimmen kommen auf die Nominierungsliste.

Bei mehr als 6 Nominierungen durch die Sektionen und Gleichstand der Stimmen auf dem 6. und 7. Platz (bzw. weiteren Plätzen) entscheidet das Los.

Aus dem Losverfahren ergibt sich eine festgelegte Reihung, die auch spätere Nachbesetzungen reglementiert.

Der Vorstand nominiert seine Kandidierenden nach Ablauf der Frist für Sektionsnominierungen (also in Kenntnis derselben).

Mitglieder der DGS können zusätzlich ihre Bereitschaft zur Kandidatur dem Konzil anzeigen.

Festlegung der gesamten Nominierungsliste durch das Konzil
Ist nach dem Losverfahren die Voraussetzung für die gem. Satzung festgelegte Quote bei der Zusammensetzung des Gremiums (§ 12 Abs. 2 Satz 1) nicht erfüllt, können Personen der Statusgruppe Mittelbau bzw. Studierende, wieder in die Wahlliste aufgenommen werden. Hier entscheidet die zuvor geloste Reihung.

Kandidierende der Statusgruppe Mittelbau müssen zum Zeitpunkt der Wahl dieser Statusgruppe angehören. Im Falle einer Statusänderung, werden sie durch Nächstplatzierte der Statusgruppe Mittelbau aus der im Losverfahren erstellten Listung ersetzt.

Bei weniger als 6 Nominierungen durch die Sektionen (bzw. weniger als 10 Nominierungen durch den Vorstand) füllt das Konzil die Liste bis zur Zahl von max. 16 Kandidierenden auf.

Wahlen zum Konzil
30 Kandidierende für 15 Plätze (Hälfte des Konzils gem. § 15 Abs. 1 Satz 3 Nr. 4 Satz 1 Halbsatz 2 der Satzung)

Die finale Nominierungsliste setzt sich aus 10 Konzils-, 10 Sektions- und 10 Eigennominierungen zusammen.

Es muss bereits bei der Aufstellung der Kandidierendenliste gewährleistet sein, dass die gemäß § 11 Abs. 1 Satz 2 der Satzung festgelegte Quote bei der Zusammensetzung des Konzils eingehalten werden kann.

Bei mehr als 10 Nominierungen in einer der drei Säulen (Konzil, Sektionen, Eigennominierungen) wird über die Besetzung der 10 Plätze jeweils im Losverfahren entschieden – für das Konzil gilt dies nur dann, wenn das Gremium sich nicht auf die nötige Anzahl Kandidierender einigen kann.

Aus dem Losverfahren ergibt sich eine festgelegte Reihung, die auch spätere Nachbesetzungen reglementiert.

Bei weniger als 10 Nominierungen durch Sektionen bzw. Eigennominierung füllt das Konzil die Liste bis zur Zahl von 30 auf.

Die Nominierungsvorschläge erfolgen in der Reihenfolge Eigennominierungen, Sektionsnominierungen, Konzilsnominierungen (Sektionen nominieren in Kenntnis der bis zu 10 – ggf. gelosten – Eigennominierungen, das Konzil in Kenntnis der bis zu 20.

Eigen- und Sektionsnominierungen). Eigennominierungen müssen jeweils von 10 DGS- Mitgliedern unterstützt werden, jedes DGS-Mitglied soll dazu den Hinweis erhalten, dass eine geringe Zahl an Nominierungen die Chancen der einzelnen Nominierten erhöht.

Jede Sektion kann 1 Person nominieren, mehrere Sektionen können sich auf eine/n gemeinsame Kandidierende:n einigen und diese/n mit entsprechend vielen Stimmen ausstatten.

Ist nach dem Losverfahren die Voraussetzung für die gem. § 11 Abs. 1 Satz 2 der Satzung festgelegte Quote bei der Zusammensetzung des Gremiums nicht erfüllt, können Kandidierende der Statusgruppe Mittelbau bzw. Studierende wieder in die Wahlliste aufgenommen werden. Hier entscheidet die zuvor geloste Reihung.

Kandidierende der Statusgruppe Mittelbau bzw. Studierende müssen zum Zeitpunkt der Wahl der entsprechenden Statusgruppe angehören. Im Falle einer Statusänderung, werden sie durch Nächstplatzierte der entsprechenden Statusgruppe aus der im Losverfahren erstellten Listung ersetzt.

Wahlen studentischer Beirat
12 Studierende für 6 Plätze (davon 2 Stellvertreter:innen)

Nominierungen von Personen mit studentischer Mitgliedschaft sind an die Geschäftsstelle zu richten. Eigennominierungen sind möglich.

Nominierungsberechtigt sind alle Mitglieder der DGS.

Interessierte können sich auf der Mittelbau-Versammlung bzw. dem Studentischen Soziologiekongress sowie in der SocioHub-Gruppe »Studierende in der DGS« vorstellen.

Bei mehr als 12 Nominierungen entscheidet das Los.

Kandidierende müssen zum Zeitpunkt der Wahl immatrikuliert sein und der Statusgruppe Studierende angehören. Im Falle einer Statusänderung, werden sie durch Personen ersetzt, die zuvor im Losverfahren ausgeschieden waren.

Wahlberechtigt sind alle Personen mit studentischer Mitgliedschaft.

Fristen
Vorstand und Vorsitz: Nominierung durch die Sektionen bis Ende Juni, durch den Vorstand bis Ende August, Entscheidung durch Konzil im Herbst (auf der Kongresssitzung).

Konzil: Eigennominierungen bis Mitte Mai, Nominierungen durch die Sektionen bis Ende Juni, Nominierungen aus dem Konzil bis Mitte August (ggf. Auffüllung der Liste durch das Konzil im Herbst auf der Kongresssitzung).

Die Nominierungen für den studentischen Beirat finden 4 Wochen lang im Oktober/November nach der Konzilssitzung im Herbst statt.

Grundsätzlich gilt: Alle Nominierten müssen jeweils bis zum Stichtag ihr schriftliches Einverständnis gegenüber der DGS-Geschäftsstelle gegeben und alle Unterstützer:innen ihre Unterstützung via E-Mail erklärt sowie eine Eingangsbestätigung erhalten haben.

***

Die nachstehenden Bestimmungen wurden vom Konzil am 13. Mai 2022 beschlossen.

1. Allgemeine Wahlvorschriften
1.1 In der Regel entscheiden die Organe und sonstigen Gremien der DGS mit einfacher Mehrheit der abgegebenen Stimmen.
1.2 Enthaltungen werden nicht mitgezählt.
1.3 Bei Stimmengleichheit in Personalwahlen entscheidet das Los.
1.4 Bei schriftlichen Wahlen und Abstimmungen muss eine geheime Stimmabgabe durch die Versendung zweier Umschläge gesichert sein.
1.5 Häufung und Delegation von Stimmen ist nicht zulässig.
1.6 Die Annahme einer Wahl ist innerhalb einer angemessenen Frist zu erklären.
1.7 Schriftliche Abstimmungen außer den in der Satzung festgelegten sind dann zulässig, wenn eine Entscheidung zum Nutzen des Vereins dringlich ist.
1.8 Die parallele Kandidatur für Vorstand und Konzil ist möglich, die Annahme beider Ämter jedoch ausgeschlossen.
1.9 Zur Änderung der Wahlordnung bedarf es einer 2/3-Mehrheit der Mitglieder des Konzils.

2. Aufnahme als Mitglied und Ehrenmitglied
2.1 Der Vorstand entscheidet mit einfacher Mehrheit über die schriftlichen Aufnahmeanträge Beitragswilliger gemäß den Bestimmungen der Satzung in §§ 5,6,7.
2.2 Für die Verleihung der Ehrenmitgliedschaft gemäß § 8 ist der Vorschlag vom Vorstand schriftlich zu begründen und mit einer Frist von vier Wochen vor der Beschlussfassung den Konzilsmitgliedern zuzustellen. Dabei sind die Verdienste der/des zu Ehrenden um die Soziologie und die besonderen Beziehungen, die die Gesellschaft mit ihr/ihm verbinden, herauszustellen. Es bedarf einer 2/3-Mehrheit der Mitglieder des Konzils.
2.3 Ehrenmitglieder sind von der Beitragszahlung befreit.

3. Das Konzil
3.1 Das Konzil beschließt über die Liste mit 30 Kandidierenden sowie über die Liste möglicher Nachrücker:innen und legt sie der Mitgliedschaft zur Abstimmung vor. Bei der Aufstellung der Kandidierendenliste muss bereits gewährleistet sein, dass die gemäß § 11 Abs. 1 Satz 2 der Satzung fest-

gelegte Quote bei der Zusammensetzung des Gremiums eingehalten werden kann. Die Liste umfasst 30 Namen, die in alphabetischer Reihenfolge aufgeführt werden. Die Statusgruppen der Kandidierenden i.S. des § 11 Abs. 1 Satz 2 der Satzung werden dem Konzil kenntlich gemacht.

3.2 Als gewählt gelten die 15 Kandidierenden mit der höchsten Stimmenzahl, bis die gemäß § 11 Abs. 1 Satz 2 der Satzung festgelegte Quote erreicht ist. Ist die Quote der Statusgruppe Mittelbau nach der Wahl nicht erreicht worden, ersetzen bis zu vier der Kandidierenden aus der Statusgruppe Mittelbau mit dem höchsten Stimmanteil bis zu vier der gewählten Kandidierenden aus den Statusgruppen Studierende oder und Hochschullehrer:innen mit dem geringsten Stimmanteil; bei Stimmengleichheit auf einem Platz entscheidet das Los.

3.3 Nimmt ein gewählter Kandidat bzw. eine gewählte Kandidatin die Wahl nicht an oder scheidet bei gleichzeitiger Mitgliedschaft im Vorstand (§ 11 Abs. 1 Satz 5), Austritt aus der Gesellschaft, Niederlegung des Mandats oder aus anderen Gründen aus, so rückt der/die Stimmennächste der jeweils letzten Konzilswahl nach. Wird hierbei die gemäß § 11 Abs. 1 Satz 2 der Satzung festgelegte Quote nicht erreicht, rückt der/die Stimmennächste der Statusgruppe Mittelbau nach; bei Stimmengleichheit auf einem Platz entscheidet das Los.

3.4 Wiederwahl ist möglich. Die ununterbrochene Amtszeit beträgt maximal acht Jahre. Aus dem Gremium ausgeschiedene Mitglieder können nach zwei Jahren erneut kandidieren.

4. Der Vorstand

4.1 Das Konzil beschließt über die Kandidierendenliste sowie über die Liste möglicher Nachrücker:innen und legt sie der Mitgliedschaft zur Abstimmung, getrennt nach Vorsitz- und Vorstandskandidierenden, vor. Bei der Aufstellung der Kandidierendenliste muss bereits gewährleistet sein, dass die gemäß § 12 Abs. 2 Satz 1 der Satzung festgelegte Quote bei der Zusammensetzung des Gremiums eingehalten werden kann.

4.2 Für die Wahl der/des Vorsitzenden sind mindestens 2 Kandidierende zu nominieren, für die übrigen Vorstandssitze mindestens 12, höchstens 16 Kandidierende.

4.3 Mit Ausnahme der/des Vorsitzenden gelten die anderen Mitglieder des Vorstands nach der Rangfolge der auf sie entfallenden Stimmen als gewählt, bis die gemäß § 12 Abs. 2 Satz 1 der Satzung festgelegte Quote erreicht ist. Ist die Quote der Statusgruppe Mittelbau nach der Wahl nicht erreicht worden, ersetzen bis zu zwei der Kandidierenden aus der Statusgruppe Mittelbau mit dem höchsten Stimmanteil bis zu zwei der gewählten Kandidierenden aus Hochschullehrer:innen mit dem geringsten Stimmanteil; bei Stimmengleichheit auf dem achten Platz entscheidet das Los.

5. Studentischer Beirat

5.1 Zur Wahl stehen 12 Kandidierende, die zum Zeitpunkt der Wahl der Statusgruppe der Studierenden angehören. Als gewählt gelten die 6 Kandidierenden mit der höchsten Stimmenzahl. Bei Stimmengleichheit auf dem sechsten Platz entscheidet das Los. Die vier gewählten Kandidierenden mit der höchsten Stimmanzahl nehmen 1-2 Mal jährlich an Vorstandssitzungen als Gäste ohne Stimmrecht teil oder treffen sich anlassbezogen mit Vorstandsmitgliedern. Ersatzweise nehmen die beiden gewählten Kandidierenden mit der geringsten Stimmanzahl teil.

5.2 Wahlberechtigt sind alle studentischen Mitglieder der DGS.

5.3 Die Wahl des studentischen Beirats findet parallel zu den DGS-Gremienwahlen statt.

6. Die ständigen Ausschüsse

6.1 Der Vorstand beruft gemäß § 13 ständige Ausschüsse. Ihre Mitglieder werden vom Vorstand vorgeschlagen, von einem Vorstandsmitglied geleitet und sind vom Konzil zu bestätigen.

6.2 Die ständigen Ausschüsse werden jeweils für die Amtszeit eines Vorstands bestellt.

6.3 Die ständigen Ausschüsse sind mindestens einmal im Jahr von ihren Vorsitzenden einzuberufen; dazu sind auch die übrigen Mitglieder des Vorstands einzuladen.

6.4 Die ständigen Ausschüsse können weitere Mitglieder der Gesellschaft für einzelne Aufgaben beratend hinzuziehen.

7. Die Sektionen

7.1 Der Vorstand beauftragt aus eigener Initiative oder auf Antrag von wenigstens 10 Mitgliedern ein Mitglied der Gesellschaft mit der Vorbereitung einer neuen Sektion. Der Auftrag erlischt nach einem Jahr.

7.2 Der Antrag auf Errichtung einer Sektion ist vom Vorstand zu prüfen und mit einer Stellungnahme dem Konzil zuzuleiten. Das Konzil entscheidet über die Errichtung der Sektion.

7.3 Die Sprecher:innen für bestehende Sektionen (Vorsitzende der Sektionen) werden von den Mitgliedern des Vorstands der Sektion, die Mitglieder der Gesellschaft sind, vorgeschlagen und vom Konzil bestätigt.

7.4 Die Sprecher:innen (Vorsitzenden) der Sektionen, die Mitglieder der Gesellschaft sein müssen, sind Mitglieder der Versammlung der Sektionssprecherinnen bzw. -sprecher.
7.5 Die Sprecher:innen haben jährlich über die Tätigkeit der Sektionen dem Vorstand schriftlich zu berichten; sie haben dabei auch eine Liste der Mitglieder des Sektionsvorstandes und eine Kontoaufstellung des vorangegangenen Geschäftsjahres inkl. Originalbelege vorzulegen.
7.6 Die Sektionen kooptieren selbst ihre Vorstandsmitglieder.
7.7 Sektionen, die zwei Jahre lang keine Tagung veranstaltet haben, werden vom Vorstand aufgefordert, einen Tätigkeitsbericht über die vergangenen Jahre und einen Tätigkeitsplan für die nächsten zwei Jahre einzureichen. Bleiben Tagungen und Berichte weiterhin aus, kann das Konzil auf Vorschlag des Vorstandes diese Sektion auflösen.

8. Der/Die Herausgeber:in des Mitteilungsblattes
8.1 Der/Die Herausgeber:in des Mitteilungsblattes der Deutschen Gesellschaft für Soziologie wird auf Vorschlag des Vorstands vom Konzil bis auf Widerruf bestellt.
8.2 Der/die Herausgeber:in des Mitteilungsblattes hat dem Konzil jährlich einen Tätigkeitsbericht zu erstatten.

***

Der Vorstand der DGS teilt hiermit mit, dass die 1995 unter der Präsidentschaft und mit wohlwollender Unterstützung von Lars Clausen gegründete AG Sozial- und Ideengeschichte der Soziologie per Konzilsbeschluss mit Wirkung zum 1. Oktober 2022 aufgelöst worden ist.

Aus dem DGS-Vorstand

Liebe Mitglieder der Deutschen Gesellschaft für Soziologie,

unsere letzte Vorstandssitzung fand unmittelbar zu Beginn des DGS-Kongress in Bielefeld statt. Am 26. September 2022 haben wir uns in der (sowieso wunderbaren und dank der lokalen Kolleg:innen besonders gastfreundlichen) Bielefelder Universität zusammengefunden, nachdem wir bereits am Abend zuvor, beim Kick-Off-Dinner, mit dem Bielefelder Orga-Team einige unserer internationalen Key-Note Speaker begrüßt haben.

Laut Conftool fanden sich 2013 Gäste auf dem Kongress ein. Bei der Eröffnungsveranstaltung in der Bielefelder Stadthalle hielt, neben meinem eigenen Eröffnungsvortrag, Mirjam Wenzel – Direktorin des Jüdischen Museums Frankfurt am Main – den Hauptvortrag. Dieser reflektierte auf höchst erhellende und nachdenkliche Art und Weise das Thema des Kongresses, die soziale Polarisierung. Die inhaltlichen Impulse des Abends hallten die ganze Kongresswoche nach, die fachlichen Auseinandersetzungen um das Sein der und Bewusstsein von der realen, konstruierten, gefühlten, erzählten oder aber wesentlich angeblichen Polarisierung waren so lebendig wie die so wichtigen analogen Begegnungen beim Kaffee oder in der Mensa. Es war deutlich spürbar, wie wichtig und gut es ist, in der physischen Ko-Präsenz als Fach zu sich zu kommen. Wir danken erneut dem Bielefelder Team für die Ermöglichung und die so freundliche wie professionelle Ausrichtung.

Auf der Vorstandssitzung wurden erneut ganz konkrete Vorhaben gemeldet und beraten: Der Beirat des Fachinformationsdiensts Soziologie (FID) zielt auf eine Neuausrichtung der Zusammenarbeit mit anderen Fächern der Sozialwissenschaften, dazu soll eine gemeinsame Plattform geschaffen werden. Die Funktionen von SocioHub wurden nach in einer Nutzungsumfrage erhobenen Bedarfen erweitert. Der Fortführungsantrag an die DFG wurde dabei positiv begutachtet.

Das KonsortSWD des RatSWD etabliert sich und der ständige Ausschuss Forschungsdateninfrastruktur (FDI Ausschuss) wurde gegründet. Dieser unterstützt die Arbeit des RatSWD mit seiner Expertise in der praktischen Umsetzung und Bereitstellung von Forschungsdateninfrastrukturen. Auf dem Kongress gab es zwei Veranstaltungen des RatSWD, neben dem Vortrag von Christof Wolf (Vorsitzender des KonsortSWD) fand eine Sonderveranstaltung zur Forschungsdateninfrastruktur statt.

Der Ausschuss »Soziologie in Schule und Lehre« hat zwei interessante Vorhaben auf den Weg gebracht. Zum einen ein Papier zu Mindeststandards in der soziologischen Lehre, welches an die Kultusministerkonferenz und die Landesministerien für Bildung verschickt wurde. Das Thema soll in den Ministerien auf die Agenda gehoben werden. Zum anderen sollen weitere Kontakte zu den einzelnen Ländern geknüpft werden. Weitere Stellungnahmen und forschungspolitische Initiativen, etwa zur Abschaffung bzw. Reform des WissZVeG oder zur versuchten Streichung sozialwissenschaftlicher Förderlinien durch das BMBF wurden besprochen. Sie können diese immer aktuell auf der Homepage nachlesen.

Aus der SOZIOLOGIE gibt es zu berichten, dass die Qualität der Beiträge in der DGS-Mitgliedszeitschrift als sehr hoch eingestuft wurde, es aber doch die Bitte an den Vorstand gibt, weiter für mehr Fachkontroversen in den Beiträgen zu werben.

Natürlich gibt es auch einmal wieder diverse Gremienwahlen, so war es auch Beschlussvorlage, Kandidat:innen für die Wahl des RatSWD zu bestimmen: Die DGS nominiert Corinna Kleinert und Hubert Knoblauch für die Wahl des RatSWD 2023.

Viel diskutiert wurden in den vergangenen Jahren immer wieder die Rankings des CHE. Nach dem Vorschlag des DGS-Vorstands hat nun auch das Konzil beschlossen, den Instituten und Universitäten zu empfehlen, sich wieder am CHE-›Ranking‹ zu beteiligen (obwohl es ja eine der Änderungen ist, dass von einem Ranking im eigentlichen Sinne nicht mehr gesprochen werden kann, worauf die DGS entschieden hingewirkt hat). Die DGS entschied dies in Anerkennung der deutlichen methodischen Verbesserungen in Erhebung und Auswertung, auch dank des Engagements von DGS-Mitgliedern. Die DGS wird das CHE-Ranking auch weiterhin kritisch und konstruktiv begleiten.

Wie Sie wissen/Ihr wisst, wird auch diesmal eine Evaluation des Kongresses erhoben, genauere Daten dazu folgen, sobald die Ergebnisse bei uns eingetroffen sind. Soviel darf ich aber schon einmal sagen: Das allgemeine Wohlbefinden über die leibliche Präsenz der DGS in Bielefeld war allgegenwärtig; das Bedürfnis nach direktem und non-digitalem Austausch unübersehbar, auch wenn die online-Formate durchaus umfassendere Teilnahme ermöglichen, etwa für Wissenschaftler:innen mit Care-Verpflichtungen oder für solche, die sich Hotels und Reisen nicht gut leisten können. Außerdem können wir aus soziologischer Einsicht sagen: Bielefeld existiert. Als soziale Konstruktion, versteht sich.

Herzliche Grüße, auch im Namen der Vorstandskolleg:innen,
Paula-Irene Villa Braslavsky

Auf ihrem 41. Kongress hat die DGS 2022 zwei Masterarbeiten und zwei Dissertationen im Fach Soziologie als herausragende Abschlussarbeiten ausgezeichnet. Wir möchten Ihnen diese Arbeiten in der SOZIOLOGIE vorstellen. In diesem Heft präsentieren Julian Heide und Patricia Thomas ihre Masterarbeiten. In Heft 2 werden Hannah Pool und Julia Böcker ihre Dissertationen vorstellen.

Polarisierung von den Rändern denken

Was die Armutsforschung zur Analyse gesellschaftspolitischer Spaltungen beitragen kann

Julian Heide

Einleitung

Die medial omnipräsente Diagnose der sozialen Polarisierung hat längst auch die Soziologie erreicht, wie nicht zuletzt das Motto des vergangenen DGS-Kongresses zeigt. Während die einen mit Blick auf umstrittene gesellschaftspolitische Einstellungen Großgruppen und soziale Spaltung erkennen wollen (Merkel, Zürn 2019), fordern andere eine differenziertere Betrachtung, die die Diagnose der polarisierten Gesellschaft in Frage stellt (Mau 2021; 2022). Ziel dieses Beitrages ist es herauszuarbeiten, welchen Mehrwert das Denken von den sozialstrukturellen ›Rändern‹ der Gesellschaft her für die Analyse einstellungsmäßiger Polarisierungen hat. Plastischer gesagt untersuche ich, ob sich gesellschaftspolitische Einstellungen von Menschen in Armut derart von oberen sozialen Lagen unterscheiden, dass man von einer Polarisierung sprechen kann. Im Anschluss an Mau, Lux und Gülzau (2020) werden drei Felder sozialer Ungleichheit betrachtet, die als zentrale gesellschaftliche Konfliktthemen gelten können. Dazu zählen *klassische* Ungleichheitseinstellungen zu Verteilungsfragen und Sozialpolitik sowie *neue* Ungleichheitsfelder wie beispielsweise Migration und geschlechtliche Diversität, also Fragen des Zugangs zu Territorien oder der Anerkennung von Lebensformen.

In der zeitdiagnostischen Auseinandersetzung prägen Spaltungsdiagnosen die Debatte, wonach sich ein kosmopolitisches Oben und ein kommunitaristisches Unten mit konträren Haltungen in den Ungleichheitsfeldern gegenüberstehen. Kosmopolitische Einstellungskomplexe, so die These, finden sich in oberen sozialen Lagen, während untere soziale Lagen durch kommunitaristische Werthaltungen geprägt sind. Aus einer Polarisierungsperspektive stehen wortgemäß die ›Pole‹ im Zentrum der Aufmerksamkeit, aus sozialstruktureller Sicht müsste man sich demnach die Personen an den Rändern des Stratifikationsgefüges anschauen. Zwar sprechen aktuelle Spaltungsdiagnosen häufig von einer Kluft in der Mittelschicht (zum Beispiel Reckwitz 2019), ich nehme jedoch an, dass Mechanismen wie Abstiegserfahrungen, Abwertungen oder Ressourcenknappheit in noch intensiverer Art und Weise für die Armutspopulation wirken. Mit Blick auf die arme Bevölkerung müsste demzufolge die Kluft in den Einstellungen zu oberen sozialen Lagen besonders groß sein, weshalb sich gerade zwischen diesen Gruppen eine etwaige Polarisierung in konfliktiven Themenbereichen zeigen sollte. Die arme Bevölkerung dient daher als Testfall für Einstellungsunterschiede. In der Armutsforschung herrscht bisher eine Leerstelle bezüglich der Frage, was die subjektiv-politischen Folgen von Armut sind, ob Armut als sozialstrukturelle Lage beispielsweise Ungleichheitseinstellungen systematisch beeinflusst. Es wurden zuletzt zwar Messmethoden entwickelt, die einerseits die soziale Lage *Armut* mit Fokus auf die Ressourcenausstattung abbilden und andererseits der zeitlichen Variabilität von Armut Rechnung tragen (Groh-Samberg, Büchler, Gerlitz 2021). Die bisherige Anwendung dieser Instrumente geht in vielen Fällen allerdings kaum über die sozialstrukturelle Verortung der Armen und die Risikofaktoren für Armut hinaus.

Angesichts dieser Forschungslücke binde ich die dynamische Armutsforschung in die zeitdiagnostische Debatte um die Sozialstruktur der spätmodernen Gesellschaft ein. Dabei verstehe ich unter Armut den Mangel wichtiger Ressourcen wie zum Beispiel Einkommen; insofern stellt Armut eine besonders eklatante Ausprägung sozialer Ungleichheit dar (Dittmann, Goebel 2019). Die zentralen Fragen sind erstens, ob Armutslagen zu anderen Einstellungsmustern führen als Lebenslagen außerhalb von Armut, und zweitens, ob mit zunehmender Verfestigung beziehungsweise Stabilität der

Armutsposition veränderte Einstellungen im Vergleich zu denjenigen einhergehen, die nur kurzfristig beziehungsweise fluktuierend von Armut betroffen sind. Von Interesse ist hier eine Längsschnittperspektive, die aus Armutserfahrungen Rückschlüsse auf Einstellungsmuster zulässt.

Kosmopoliten, Kommunitarier und die Armen

Jüngst gewinnen Zeitdiagnosen an Aufmerksamkeit, die die Wahrnehmung einer globalisierungsgetriebenen Spaltung der Gesellschaft noch zuspitzen. Sie sehen zwei Großgruppen einander gegenüberstehen, deren Einstellungen polarisiert sind, bei denen es nicht mehr nur um die Bewertung von Migrationsbewegungen, sondern häufig syndromartig auch um Fragen des Klimaschutzes und der sexuellen Diversität geht (für einen Überblick siehe Mau 2022). David Goodhart schlägt eine Unterscheidung von *Somewheres* und *Anywheres* vor. Die *Anywheres* zeichnen sich durch hohe geografische Mobilität und hohe Bildungsabschlüsse aus. Die *Somewheres* dagegen fühlen sich stärker regional verbunden und definieren sich über die Zugehörigkeit zu einer bestimmten Gruppe, beispielsweise als Angehörige der »schottischen Arbeiterschaft« (Goodhart 2017: 3). Wertemäßig vertreten die *Anywheres* einen »progressiven Individualismus« (ebd.: 5), für sie stellt also das Individuum den zentralen Bezugspunkt gesellschaftlicher Realität dar. Sie treten für Multikulturalismus, universelle Menschenrechte sowie Migration ein und fühlen sich häufig als Weltbürger. Die Einstellungen der *Somewheres* dagegen zeichnen sich durch einen ausgeprägten Sozialkonservatismus, eine ablehnende Haltung zu Einwanderung und zu sich wandelnden Geschlechterrollen aus. Der räumliche Bezugsrahmen dieser Gruppe ist weitestgehend durch den Nationalstaat bestimmt. Wolfgang Merkel und Michael Zürn (2019) beobachten eine Spaltung zwischen Kosmopoliten und Kommunitariern. Während erstere vor allem über hohe Bildungsabschlüsse, gute Einkommen und mobiles Humankapital verfügen und einen freien Warenverkehr, Migration, die internationale Bekämpfung des Klimawandels und universelle Rechte befürworten, sind letztere eher Verlierer der Globalisierung, sehen offene Grenzen und Multikulturalismus kritisch und verfügen über eher geringe bis mittlere Bildung und unterdurchschnittliche Einkommen. Andreas Reckwitz (2019) diagnostiziert in der gegenwärtigen Sozialstruktur einen Aufstieg der neuen, akademisch geprägten Mittelklasse und einen

Abstieg der traditionellen, alten Mittelklasse und der prekären neuen Unterklasse. Der sich daran entzündende Klassenkonflikt ist im Kern ein kultureller und lässt sich am Bruch zwischen alter und neuer Mittelklasse, zwischen einem eher ortsbezogenen Materialismus und einem kosmopolitischen Postmaterialismus nachvollziehen. Die neue Mittelklasse ist Vorreiterin in Fragen offener Grenzen und Migration, unterstützt Gleichberechtigung sexueller Minderheiten und setzt sich für Ökologie ein (Reckwitz 2019: 95). Wirtschaftlich ist sie liberal orientiert und sieht sozialstaatliche Regulierung skeptisch. Die alte Mittelklasse hingegen setzt ganz auf Ordnungserhaltung durch nationale Sozialpolitik und beargwöhnt Globalisierung häufig (ebd.: 100).

Warum aber lohnt es sich, Menschen in Armut als spezifische Population genauer zu betrachten, wenn doch Brüche vor allem in der gesellschaftlichen Mitte diagnostiziert werden? Die Gruppe der Armen, in der weitgehender Ressourcenmangel und Deprivation in zentralen Lebensbereichen herrscht, ist in besonderer Weise von ökonomischen wie kulturellen Abwertungsprozessen betroffen. Charakteristisch für Kommunitarier, wie sie bei Merkel und Zürn (2019) beschrieben werden, sind geringe Bildung und unterdurchschnittliches Einkommen. Beides trifft auf die Armutspopulation in eklatanter Art und Weise zu, weshalb anzunehmen ist, dass Arme in der Gruppe der Kommunitarier zu finden sind. Auch räumliche Immobilität ist für Menschen in Armut aufgrund ihrer sehr begrenzten ökonomischen Möglichkeiten charakteristisch (Ette, Genoni, Witte 2021). Insofern fungieren die Armen hier als exemplarischer Teil der Kommunitarier, die ein spezifisches, oben beschriebenes Einstellungsgerüst aufweisen sollten.

Daten und Analysestrategie

Zur Untersuchung des Zusammenhangs von Armut und Einstellungen in den drei Feldern sozialer Ungleichheit wird auf Umfragedaten des Sozio-ökonomischen Panels zurückgegriffen (SOEP, v36; Goebel et al. 2019). Die Einstellungsfelder wurden jeweils in den Jahren 2017, 2018 und 2019 erhoben. Die Armutsmessung findet in einem Zeitraum von fünf Jahren vor der jeweiligen Einstellungsmessung statt.

Das erste Feld der geschlechtlichen Diversität ist mit einer Itembatterie aus dem Erhebungsjahr 2019 zu geschlechtlicher Vielfalt operationalisierbar. Darin wird nach der Akzeptanz von Transpersonen ebenso wie nach der

Einstellung zur Adoption von Kindern durch Homosexuelle gefragt. Das zweite Feld sozialer Ungleichheit, nämlich Migration, lässt sich 2018 abbilden, als die Befragten im SOEP um ihre Einschätzung gegenüber Flüchtlingen gebeten wurden, die nach Deutschland gekommen waren. 2017 wurde mit Blick auf Verteilungsfragen erhoben, ob die Befragten private oder staatliche Absicherung in verschiedenen Sozialpolitikfeldern wie zum Beispiel Kinderbetreuung oder Absicherung bei Krankheit oder Arbeitslosigkeit präferierten.

Zur Armutsmessung nutze ich verschiedene Instrumente, um ein möglichst umfassendes Bild von der sozialen Lage *Armut* zu bekommen. Zunächst verwende ich einen *klassischen* Indikator für Einkommensarmut, wonach die Armutsschwelle bei 60% des Medianeinkommens aller Haushalte festgesetzt wird. Zweitens einen von Groh-Samberg, Büchler und Gerlitz (2021) entwickelten Indikator materieller Lebenslagen, in den neben dem Einkommen und Vermögensreserven auch die Wohn- sowie die Erwerbssituation eingehen. Dieser Indikator misst soziale Lagen im Allgemeinen, was den Vorteil mit sich bringt, dass Arme in Relation zu anderen Lagen gesetzt werden können. Der Indikator kann zudem im Längsschnitt angewandt werden (siehe dazu auch Groh-Samberg, Büchler, Gerlitz 2020), wenn für einen Zeitraum das arithmetische Mittel aus der Lagenposition jeden Jahres für jede Person gebildet wird. Schließlich verwende ich den auf Einkommensarmut beruhenden Indikator von Gradin, Del Rio und Canto (2012), um die Schwere der Armut als den Abstand des eigenen Einkommens von der Armutsschwelle und der Persistenz der Armutsperioden zu modellieren.

Bisher werden insbesondere quantitative Einstellungsanalysen mit querschnittlichen Klassenschemata durchgeführt, die nicht in der Lage sind, die zeitliche Variabilität von sozialen Lagen abzubilden. Jedoch wird erst im Zeitverlauf deutlich, ob sozialen Lagen am unteren Rand der Gesellschaft mit anderen Einstellungen in den drei Feldern korrespondieren. Hinzu kommt, dass Armutsmaße den Vorteil haben, die konkrete Ressourcenausstattung vom Einkommen bis zur Wohnsituation direkt messen zu können und so ein genaues Bild der materiellen sozialen Lage bieten.

Ergebnisse

Unterschiede

Haben Menschen in Armut andere Einstellungen als Personen außerhalb von Armutslagen? Für das Feld der Diversität werden kaum Unterschiede im Hinblick auf Armutserfahrung deutlich. Erste empirische Indizien weisen sogar eher auf einen leicht positiven Zusammenhang zwischen Armut und Einstellungen zu geschlechtlicher Diversität hin, wobei jedoch keine statistische Signifikanz vorliegt. In migrationspolitischen Fragen hingegen finden sich teils deutliche Unterschiede in Abhängigkeit von Armutserfahrungen. Grundsätzlich kann man sagen, dass Menschen in Armut migrationsskeptischer als Menschen außerhalb von Armutslagen sind. Die beiden ›Randgruppen‹, die Armen und die sehr Wohlhabenden, verteilen sich auf unterschiedliche Seiten des Mittelwerts. Die mittleren sozialen Lagen dagegen – von der prekären bis zur oberen Mitte – gruppieren sich im Wesentlichen um den Durchschnitt. Man kann also mit Blick auf die Armen und die sehr Wohlhabenden von ersten Indizien einer Polarisierung in den Einstellungen zu Fluchtmigration sprechen, wobei sich eine privilegierte soziale Lage in Richtung Migrationsoffenheit, eine benachteiligte Lage dagegen in Richtung Migrationsskepsis auswirkt. In sozialpolitischen Belangen zeigt sich, dass Menschen in Armut eher für staatliche sozialpolitische Absicherung eintreten. Allerdings ist die Zustimmung dazu, dass soziale Absicherung staatlicherseits organisiert sein sollte, über alle Gruppen hinweg sehr hoch, die Streuung bei diesen Fragen also eher gering.

Zeitlichkeit

Neigen Menschen, die über einen längeren Zeitraum in Armut leben, zu anderen Einstellungen als Personen, die hin und wieder von Armut betroffen sind? Anders gewendet: Lässt sich eine Art Verhärtung von Einstellungen mit zunehmender Dauer der Armutslage beobachten? Menschen, die langfristig in Armut leben, bei denen sich der Ressourcenmangel und die damit korrespondierende Lebensführung dauerhaft eingestellt haben, betrachten Einwanderungsbewegungen ablehnender als Personen, die ›nur‹ fluktuierende Armutserfahrungen aufweisen. Im Feld der Verteilungsfragen lässt sich ein solcher Effekt jedoch nicht beobachten. Zwar führt bereits ein Jahr in Armut dazu, dass Menschen eher staatliche als private Absicherung bevorzugen, längere Armutsperioden verstärken diese Tendenz dann aber nicht mehr. Für Einstellungen zu geschlechtlicher Diversität zeigt sich kein statistisch robuster Zusammenhang mit der Dauer der Armut.

Intensität

Führen Erfahrungen von schwerer und intensiver Armut zu einer Verhärtung der Einstellungen? Mit dem Index nach Gradin, Del Rio und Canto (2012) gelingt es, die Schwere der Armut, das heißt die Stabilität und Intensität der Armutslage einzufangen. Empirisch zeigt sich zunächst einmal, dass schwere und sehr stabile Armutslagen eher selten vorkommen. Bei der Einstellung zu Migration kann man dann in der Tat die vermutete Verhärtung sehen. Menschen in schweren Armutslagen lehnen im Vergleich zu denjenigen mit weniger schweren Armutsverläufen Flüchtlingsbewegungen nach Deutschland in höherem Maße ab. Im Feld der sozialpolitischen Verantwortung bringt eine zunehmende Schwere der Armut dagegen keine Verstärkung der Staatsaffinität in der sozialpolitischen Sicherung mit sich. Hier bestätigt sich das Bild, dass die zentrale Differenzierung eher entlang der Kategorien arm und nicht-arm verläuft. Hinsichtlich Diversitätseinstellungen konnten keine belastbaren Unterschiede im Hinblick auf die Schwere der Armut gefunden werden.

Fazit: Potentiale der Armutsforschung für die Gesellschaftsanalyse

Im Ergebnis zeigt sich, dass Menschen in Armut gegenüber Homosexuellen oder transgender Personen nicht skeptischer eingestellt sind als nicht-arme Personen. Dagegen lehnen Menschen mit Armutserfahrung Migrationsbewegungen eher ab. Die Gruppenunterschiede zwischen armen und sehr wohlhabenden Personen erweisen sich als verhältnismäßig groß. Außerdem sind Menschen, die über mehrere Jahre in schwerer Armut gelebt haben, migrationsskeptischer eingestellt als Personen mit diskontinuierlicheren Armutsverläufen. Menschen mit Armutserfahrung tendieren zudem grundsätzlich in Richtung staatlich organisierter sozialer Absicherung unabhängig von Dauer und Stabilität der Armutslage.

Die Befunde zeigen, dass eine syndromartige Verkopplung verschiedener Ungleichheitseinstellungen zu hinterfragen ist. Tatsächlich lassen sich erste Indizien für eine Polarisierung, wie eine breite Streuung der Antworten und verhältnismäßig große Einstellungsunterschiede zwischen armen und sehr wohlhabenden Menschen, höchstens bei Migrationseinstellungen erkennen.

Der Fokus auf Menschen in Armut hilft, die These der Einstellungspolarisierung aus sozialstruktureller Sicht zu relativieren. Durchaus gibt es Unterschiede in Einschätzungen, Wahrnehmungen und Meinungen, die aber je nach Ungleichheitsfeld variieren. Diese Unterschiede sind meist kaum groß genug, um von tatsächlichen Polen sprechen zu können. Die Armutsforschung kann zur Analyse gesellschaftlicher Spaltungen besonders dann einen Beitrag liefern, wenn sie die sozio-politischen Folgen von Armutslagen in den Fokus rückt. Hierzu sind vor allem auch qualitative Befunde erforderlich, die die statistischen Zusammenhänge einordnen und Aussagen zu Mechanismen treffen. Nicht nur die Frage, wer unter welchen Umständen wie lange in Armut lebt, ist für die Gesellschaftsanalyse relevant, sondern auch und ganz besonders die Frage, welche Einstellungen, Meinungen, Werthaltungen mit Armutslagen einher gehen beziehungsweise von ihnen verursacht werden.

Literatur

Dittmann, Jörg / Goebel, Jan 2019: Armutskonzepte. In Petra Böhnke / Jörg Dittmann / Jan Goebel (Hg.), Handbuch Armut. Bonn: Bundeszentrale für politische Bildung, 21–34.

Ette, Andreas / Genoni, Andreas / Witte, Nils 2021: Internationale Mobilität und Sozialstruktur. In Statistisches Bundesamt / Wissenschaftszentrum Berlin für Sozialforschung / Bundesinstitut für Bevölkerungsforschung (Hg.), Datenreport 2021. Ein Sozialbericht für die Bundesrepublik Deutschland. Bonn: Bundeszentrale für politische Bildung, 316–323.

Goebel, Jan / Grabka, Markus M. / Liebig, Stefan / Kroh, Martin / Richter, David / Schröder, Carsten / Schupp, Jürgen 2019: The German Socio-Economic Panel (SOEP). Jahrbücher für Nationalökonomie und Statistik, 239. Jg., Heft 2, 345–360.

Goodhart, David 2017: The Road to Somewhere. The Populist Revolt and the Future of Politics. London: Hurst & Company.

Gradin, Carlos / Del Rio, Coral / Canto, Olga 2012: Measuring Poverty accounting for Time. Review of Income and Wealth, vol. 58, no. 2, 330–354.

Groh-Samberg, Olaf / Büchler, Theresa / Gerlitz, Jean-Yves 2020: Soziale Lagen in multidimensionaler Längsschnittbetrachtung. Begleitforschung zum Sechsten Armuts- und Reichtumsbericht der Bundesregierung. Bremen: Bundesministerium für Arbeit und Soziales.

Groh-Samberg, Olaf / Büchler, Theresa / Gerlitz, Jean-Yves 2021: Dokumentation zur Generierung multidimensionaler Lagen auf Basis des Sozio-Oekonomischen Panels. https://www.socium.uni-bremen.de/about-the-socium/members/olaf-groh-samberg/publications/?publ=10248, letzter Aufruf am 31. Mai 2021.

Mau, Steffen 2021: Neue Ungleichheiten, neue Spaltungslinien? Zur sozialen Strukturierung gesellschaftlicher Konflikte. https://www.fgz-risc.de/wissenstransfer/videos-und-podcasts/detail/ungleichheiten-gesellschaftliche-konflikte-fgz-jahreskonferenz, letzter Aufruf am 2. November 2021.

Mau, Steffen 2022: Kamel oder Dromedar? Zur Diagnose der gesellschaftlichen Polarisierung. Merkur, 76. Jg., Heft 874, 5–18.

Mau, Steffen / Lux, Thomas / Gülzau, Fabian 2020: Die drei Arenen der neuen Ungleichheitskonflikte. Eine sozialstrukturelle Positionsbestimmung der Einstellungen zu Umverteilung, Migration und sexueller Diversität. Berliner Journal für Soziologie, 30. Jg., Heft 3/4, 317–346.

Merkel, Wolfgang / Zürn, Michael 2019: Kosmopolitismus, Kommunitarismus und die Demokratie. In Julian Nida-Rümelin / Detlef Daniels / Nicole Wloka (Hg.), Internationale Gerechtigkeit und institutionelle Verantwortung. Berlin, Boston: De Gruyter, 67–102.

Reckwitz, Andreas 2019: Das Ende der Illusionen. Politik, Ökonomie und Kultur in der Spätmoderne. Berlin: Suhrkamp.

Im Zweifel für die Freiheit?

Kunstautonomie in medialen Debatten

Patricia Thomas

Die Frage nach der Autonomie der Kunst ist ein Themenkomplex, der in den Sozial- und Kunstwissenschaften, der Philosophie, aber auch in der künstlerischen Praxis und in öffentlichen Debatten verhandelt wird. Dabei ist zu unterscheiden, ob der Begriff als analytisches Konzept fungiert oder als emischer Begriff des Feldes verstanden und analysiert wird (vgl. Schützeichel 2014). In meiner diskursanalytisch angelegten Masterarbeit folgte ich letzterem Verständnis und untersuchte den Diskurs um die Kunstautonomie[1] anhand zweier skandalisierter Ereignisse im Kunstfeld. Die Vermutung war, dass sich durch die Rekonstruktion dieses Diskurses herrschende Regeln und Deutungsmuster über (il-)legitime Formen der Kunstbetrachtung und -bewertung freilegen lassen.

Ausgangspunkt meines Interesses war die Beobachtung, dass in zahlreichen Medien einzelne Vorfälle im Kunstfeld breite Aufmerksamkeit erregten und teils für heftige Reaktionen in der Öffentlichkeit sorgten. In diesen Ereignissen standen oft eine Sexismus- oder Rassismus-Kritik an Kunstschaffenden, am Kunstbetrieb oder an Kunstwerken im Raum, die im Laufe der Auseinandersetzungen als Frage nach der (möglicherweise bedrohten) Freiheit der Kunst verhandelt wurde.

Das Forschungsvorhaben betrachtete zwei dieser Vorfälle und insbesondere die daran anschließenden medialen Reaktionen genauer: In einer Petition mit dem Titel »Metropolitan Museum of Art: Remove Balthus Suggestive Painting of a Pubescent Girl, Thérèse Dreaming«[2] kritisierte Museumsbesucherin Mia Merrill im November 2017 das Metropolitan Museum of Art (Met) für die unkommentierte Ausstellung des genannten Gemäldes von

1 Der Autonomiebegriff deckt im Kunstfeld ein breites semantisches Feld ab und schließt beispielsweise Bedeutungen wie »Freiheit«, »Selbstzweck« oder »Reinheit« mit ein (Schützeichel 2014: 170). Die Begriffe Kunstautonomie und Kunstfreiheit werden daher im Folgenden gleichgesetzt.

2 Mia Merrill auf »Care2 Petitions« am 17. November 2017 (www.thepetitionsite.com/de/, letzter Aufruf am 17. November 2022).

Balthus aus dem Jahr 1938. Denn das Bild zeige ein junges Mädchen in einer sexuell anzüglichen Pose, das insbesondere vor dem Hintergrund der »bekannten Vernarrtheit« des Malers in pubertierende Mädchen die Sexualisierung eines Kindes romantisiere. Sie fordert das Museum auf, das Gemälde zu kontextualisieren, Hintergrundinformationen zum Maler bereitzustellen oder das Bild wahlweise durch ein anderes aus der umfangreichen Sammlung zu ersetzen. Die Petition wurde von über 11.500 Unterstützenden unterzeichnet, Anfang Dezember 2017 stellte das Museum jedoch klar, dass es das Bild nicht entfernen würde.[3]

Der zweite Vorfall, der näher untersucht wurde, ereignete sich wenige Wochen nach dem Erscheinen der Petition. Im Januar 2018 fand in der Manchester Art Gallery (MAG) eine von der Künstlerin Sonia Boyce initiierte »Galerie-Übernahme« (*Takeover*) statt, in der neben anderen Aktionen das Gemälde »Hylas and the Nymphs« von John William Waterhouse aus dem Jahr 1896 temporär aus der Galerie entfernt wurde. Begleitet wurde die Aktion von einem Aufruf des Museums an das Publikum, seine Gedanken zu äußern, alternative Interpretationen einzubringen und die Darstellung des weiblichen Körpers als *passive decorative form* oder *femme fatale* herauszufordern. Unter dem Statement auf der Webseite fanden sich über 900 (überwiegend kritische) Beiträge. Am 3. Februar 2018 verkündete die MAG, dass das Gemälde wie vorgesehen wieder an seinem Platz hänge.[4]

Die medialen Reaktionen auf diese beiden Ereignisse standen im Zentrum meiner Untersuchung, die danach fragte, auf welche Weise der Diskurs um die Kunstautonomie in die Debatten eingebracht wurde und welche zentralen Konfliktlinien und symbolischen Kämpfe um die ›richtigere‹ Deutung der Bilder damit einhergingen. Von Interesse war insbesondere auch, an welche (historischen) Konzepte von Kunstautonomie und Kunstwahrnehmung angeschlossen wurde und wie dadurch kollektive gesellschaftliche Wissensvorräte über legitime oder illegitime Formen der Auseinandersetzung mit Kunst und deren Autonomie aktualisiert oder infrage gestellt wurden.

3 Met-Pressesprecher Ken Weine in Libbey (2017).

4 Manchester Art Gallery im Beitrag »Presenting the female body: Challenging a Victorian fantasy« auf der Webseite des Museums (https://archive.ph/scB0s, letzter Aufruf am 15. November 2022).

Methode und Daten

Methodisch orientierte sich das Forschungsvorhaben an der Wissenssoziologischen Diskursanalyse (zum Beispiel Keller 2004). Als Datenmaterial dienten zunächst Texte, die im Rahmen der beiden skandalisierten Vorfälle veröffentlicht wurden: ein Statement der MAG zur Kunstaktion und Mia Merrills Petition. Von besonderem Interesse war jedoch die mediale Berichterstattung um die beiden Fälle. Mehrere große deutschsprachige Tages- und Wochenzeitungen sowie Kunstmagazine wurden für eine Schlagwortsuche herangezogen. Die Auswahl der Artikel konzentrierte sich vorrangig auf den Zeitraum zwischen Herbst 2017 und Frühjahr 2018, in dem sich die Medienbeiträge über die beiden Fälle häuften. Mithilfe eines »theoretical samplings« (Strauss 1994: 70 f.) und dem Prinzip der minimalen und maximalen Kontrastierung wurden zuletzt 31 Artikel für die Feinanalyse ausgewählt und kodiert. Sobald sich erste Konzepte fanden, wurden wiederum in Anlehnung an die sequenzielle Feinanalyse aus der objektiven Hermeneutik (Oevermann et. al. 1979) einzelne Textpassagen detailliert analysiert und verglichen, um übergreifenden Deutungsmuster zu rekonstruieren.

Bedeutungsfelder der Kunstautonomie und dichotome Subjektpositionen

Bei genauer Betrachtung der Texte um die beiden Gemälde wurde deutlich, dass der Topos der Kunstautonomie durch die kritischen Reaktionen auf die Vorfälle eingebracht wurde. Zuvor war weder in der Petition, noch im Statement der MAG von diesem Begriff die Rede, erst in der medialen Berichterstattung wurden die Ereignisse als ein Problem der Kunstfreiheit verhandelt. Der Begriff fällt dabei vorrangig in zwei Kontexten: zum einen in der Deutung der Ereignisse als ein Akt oder zumindest ein Versuch von ›Zensur‹ und einer ›Gefährdung der Kunstfreiheit‹; zum anderen in der Auffassung, der Begriff der Kunstfreiheit sei ein strategisch eingesetzter Kampfbegriff zum Erhalt der Deutungshoheit, der von der ›eigentlichen‹ Thematik ablenke und damit als ungültiges Argument oder als Konzept prinzipiell abzulehnen sei. Jene zweite Deutung stellt dabei eine kritische Reaktion auf die erste dar. Die hier aufscheinenden diskursiven Kämpfe und »Wahrheitsspiele« (Foucault 1994: 700) gehen mit einer polarisierenden Konstruktion zweier Subjektpositionen einher, die sich wechselseitig mithilfe sprachlich-rhetorischer Strategien und »natürliche[r] Kodes« (Strauss 1994: 64) (de-)legitimieren: So bringen sich zum Beispiel »moralische Kunstscharfrichter« gegenüber »biedere[n] Kulturpessimist[en]« (Kaube 2018: 9; Stahl 2018) in Stellung. Die diskursiven Gegner*innen werden als benennbare Gruppe, das heißt als Klassifikation erschaffen – vor allem um sich von ihnen abzugrenzen.[5]

Im weiteren Verlauf der Analyse ging es darum, die Bedeutungsdimensionen des Begriffs und damit verbundene kunstspezifische Logiken und Deutungsmuster in der Debatte um die beiden Skandale herauszuarbeiten. Dabei wurden vier Ebenen der Kunstfreiheit identifiziert, die als analytisches Werkzeug eine differenzierte Einordnung erleichterten: Demnach geht es bei den rekonstruierten Deutungsmustern wahlweise um die Freiheit des Kunstwerks, der Künstler*innen, der Kunstinstitutionen oder des Publikums. Exemplarisch werden im Folgenden zwei Analyseergebnisse vorgestellt, die unter der Freiheit des Kunstwerks beziehungsweise der Kunstinstitutionen diskutiert werden.

Die Kunst und das Leben: Herrschaftsauratik und symbolische Gewalt

Eine zentrale Konfliktlinie verläuft entlang der Frage, ob ein Kunstwerk in seiner Autonomie eingeschränkt ist, wenn es unter nicht-ästhetischen Kriterien beurteilt wird. Teil der Auseinandersetzung um die (Il-)Legitimität außerästhetischer Bewertungskriterien ist die im Kunstfeld nach wie vor dominante Vorstellung, dass Kunstwerke eine Eigenrealität gegenüber dem Leben besitzen (sollen). So lautet eine häufige Kritik, dass ebendiese Eigenrealität von Merrill und Boyce sowie ihren Befürworter*innen nicht berücksichtigt werde. Diese seien offenbar nicht in der Lage, zwischen dem Kunstwerk und der Realität zu unterscheiden. Was diese Kritik allerdings ›übersieht‹ ist, dass Merill und Boyce auch auf die ›Realität hinter der Fiktion‹ und die gesellschaftliche Wirkmächtigkeit von Kunstwerken aufmerksam machen wollten. Insbesondere im Fall Balthus sollten auch die Bedingungen der Herstellung des Werks und eine (vermutete) reale sexuelle Ausbeutung, die

5 Eine solche wechselseitige Vereindeutigung von dichotomen Subjektpositionen, wie auch der Vorwurf einer diskursiven Verschiebung emanzipatorischer Kritik in das Bedeutungsfeld der (gefährdeten) Freiheit finden sich im Übrigen auch im Diskurs um »Political« oder »Sexual Correctness« (vgl. Möller 1999; Degele 2020).

zur Entstehung des Kunstwerks geführt habe, zum Thema gemacht werden.[6] Offenbar geht es hier auch um das Aufdecken der »Herrschaftsauratik« (Bürger 1974: 55) der Werke, also des Unterdrückenden an ihnen. Voraussetzung ist allerdings die Annahme, dass die Modell-Künstler-Beziehung als eine nicht-konsensuelle, auf Machtmissbrauch seitens des Künstlers beruhende Verbindung verstanden wird.

Auf einen weiteren Konflikt bezüglich der Trennung von Fiktion und Realität verweist die Frage nach der Abbildungs- und Repräsentationsfunktion von (figurativen) Kunstwerken. Eine Kunstbetrachtung, die das Kunstwerk als Fiktion begreift, negiere – so die Kritik – die Bedeutung von Kunst für die Vermittlung und Legitimation gesellschaftlicher Vorstellungen und Machtverhältnisse. Doch auch unter den Positionen im Diskurs, die diese Bedeutung anerkennen, finden sich unterschiedliche Deutungen, was die zeitliche Dimension angeht: Einerseits wird davon ausgegangen, dass die vermittelten Ansichten und Werte in den historischen Gemälden zu einer abgeschlossenen Vergangenheit gehören und im Kontrast zu den heutigen Werten sogar zur Selbsterkenntnis und Bildung über Geschichte und Gegenwart führen können. Das als problematisch Wahrgenommene an den Werken wird dabei als bereits abgehandeltes, überwundenes Problem verstanden. Obwohl auch diese Deutung grundsätzlich eine gesellschaftliche Funktionalisierung von Kunst vornimmt, wird sie nicht als Angriff auf die Kunstfreiheit gewertet und scheint von legitimen Vorstellungen von autonomer Kunst abgedeckt zu sein. Das schließt im Grunde an Friedrich Schillers Idee an, der autonomen Kunst unter Berücksichtigung ihrer Autonomie eine erneute Funktionalisierung als Mittel zur Aufklärung und Besserung der Gesellschaft zuzuweisen, zum Beispiel im Erkennen von ›modernen Errungenschaften und Werten‹ (vgl. Ullrich 2018; Schiller 1933). Eine Eigenrealität des Kunstwerks wird dabei nur insofern angenommen, als sich die *heutige* Realität von der im Kunstwerk vermittelten unterscheide.

Dagegen findet sich auch die Deutung, dass die genannten modernen Werte nicht im Kontrast, sondern in Kontinuität zu denen in den Gemälden zu sehen sind. Darin vermittelte Vorstellungen zum Beispiel von Frauenbildern besäßen also immer noch Aktualität und Gültigkeit. Kunstwerke werden dabei als Mittel von symbolischer Gewalt (zum Beispiel Bourdieu 2005) verstanden, indem sie als Ausdruck und Legitimationsinstanz gesellschaftlicher Machtverhältnisse dienen. Nach dieser Auffassung könne auch jedes

6 Vgl. Mia Merrill in Bellafante (2017).

Zeigen und Ansehen des Bildes die Macht- oder Gewaltsituation, die es darstellt oder auf der es beruht, legitimieren oder sogar symbolisch wiederholen. Im Grunde wird hier eine Freiheit des Kunstwerks, verstanden als dessen Eigenrealität als ästhetisches Phänomen, gegen eine Freiheit der Dargestellten und an der Entstehung und Wahrnehmung Beteiligten abgewogen.

»Denn wer will künftig entscheiden, was erlaubt ist und was nicht?«[7]

Eine weitere Konfliktlinie findet sich im Hinblick auf unterschiedliche Auffassungen darüber, was ein Museum leisten soll und wer über die darin zu sehenden Kunstwerke verfügen darf. Dabei (re-)aktiviert ein zentrales Deutungsmuster die Vorstellung, dass Kunst Debatten auslösen soll und das Museum als ein Ort des Austauschs für das Publikum zu verstehen ist. Hier zeigt sich ein alter Gedanke, der sich bereits bei Immanuel Kant findet: »Schöne Kunst dagegen ist eine Vorstellungsart, die für sich selbst zweckmäßig ist, und obgleich ohne Zweck, dennoch die Kultur der Gemütskräfte zur geselligen Mitteilung befördert.« (Kant 2006: 191) Das erklärt auch, warum die vieldiskutierten Vorfälle trotz der Kritik an Merrills und Boyce' Argumenten oft als sinnvoll und nützlich beschrieben werden. Differenzen entstehen höchstens bei der Frage, auf welche Weise die Debatten um die Kunst ausgelöst werden dürfen: Es könne verbal diskutiert, textförmig kontextualisiert oder nach neuen Lesarten gesucht werden. Aber in der Forderung oder dem tatsächlichen *Abhängen* von Gemälden scheint eine Grenze des legitimen Umgangs mit umstrittenen Werken zu liegen. Kunstwerke der Sichtbarkeit zu entziehen (und sei es, um eine Debatte anzuregen), wird zumeist nicht akzeptiert und als »Zensur« oder »puritanischer Bildersturm« delegitimiert (vgl. Trummer 2017).

Das berührt Fragen nach der Verfügungsmacht über Kunstwerke im Museum. Der Diskurs um das Auf- und Abhängen von Kunst wird traditionell nicht öffentlich geführt, sondern organisationsintern im Museum beispielsweise durch Kurator*innen, Künstler*innen oder Geldgeber*innen entschieden. Die Forderung des Abhängens in Merrills Petition wird vor diesem Hintergrund als externer Angriff auf die gültigen Regeln des Kunstfeldes wahrgenommen. Merrill spricht ohne institutionelle ›Rückendeckung‹ aus dem Publikum heraus und greift durch ihre Kritik die Autonomie von Museen und Kunsteinrichtungen mit ihrer Entscheidungsmacht über die

7 Vahland (2018: 4).

Auswahl von Werken an. Dadurch begibt sie sich diskursiv in eine prekäre Position: Sie widerspricht Werten, die »kraft Unterstellung ihrer Geltung« gelten (Luhmann 1995: 121). Dies könnte der Grund sein, warum sie trotz ihrer fehlenden tatsächlichen Durchsetzungsmacht in der medialen Debatte so scharf kritisiert und diskreditiert wurde. Der gleiche Effekt zeigt sich bei der Aktion von Boyce, die offenbar vor allem deswegen als illegitime Form der Einmischung in den Hoheitsbereich der MAG kritisiert wurde, weil in der Berichterstattung nicht immer deutlich wurde, dass es sich dabei um einen offiziellen Auftrag des Museums handelte.

Letztlich zeigte sich in der Untersuchung entlang des Begriffs der Kunstautonomie eine große Bandbreite an Deutungsmustern, in denen verschiedene Ansichten über (il-)legitime Bewertungskriterien und Funktionalisierungen der Kunst konflikthaft verhandelt wurden. Kunstautonomie hat somit als »Leitidee« (Rehberg 2017) im Kunstfeld nicht an Aktualität eingebüßt. Mit ihrer Analyse lassen sich auf erhellende Weise diskursive Kämpfe untersuchen, die sich um konkurrierende Vorstellungen davon drehen, was von Kunstwerken, Künstler*innen, Kunstinstitutionen und Rezipient*innen erwartet wird, was Kunst für die Gesellschaft leisten soll und welche Wirksamkeit sie besitzt.

Literatur

Bellafante, Ginia 2017: We Need To Talk About Balthus. Interview mit Mia Merrill. The New York Times vom 8. Dezember 2017. https://www.nytimes.com/2017/12/08/nyregion/we-need-to-talk-about-balthus.html, letzter Aufruf am 15. November 2022

Bourdieu, Pierre 2005: Die männliche Herrschaft. Frankfurt am Main: Suhrkamp.

Bürger, Peter 1974: Theorie der Avantgarde. Frankfurt am Main: Suhrkamp.

Degele, Nina 2020: Political Correctness – Warum nicht alle alles sagen dürfen. Weinheim, Basel: Beltz Juventa.

Foucault, Michel 1994: Autobiographie. Deutsche Zeitschrift für Philosophie, 42. Jg., Heft 4, 699–702.

Kant, Immanuel 2006 [1790]: Kritik der Urteilskraft, herausgegeben von Heiner F. Klemme. Hamburg: Felix Meiner Verlag.

Kaube, Jürgen 2018: Ist das Kunst oder muss das weg? Frankfurter Allgemeine Zeitung vom 2. Februar 2018, 9.

Keller, Reiner 2004: Diskursforschung. Eine Einführung für SozialwissenschaftlerInnen. 2. Auflage. Wiesbaden: VS.

Libbey, Peter 2017: Met Defends Suggestive Painting of Girl After Petition Calls for Its Removal. The New York Times vom 4. Dezember 2018. https://www.nytimes.com/2017/12/04/arts/met-museum-balthus-painting-girl.html, letzter Aufruf am 15. November 2022.

Luhmann, Niklas 1995: Was ist Kommunikation? In Niklas Luhmann, Soziologische Aufklärung 6. Die Soziologie und der Mensch. Opladen: Westdeutscher Verlag. 113–124.

Möller, Simon 1999: Sexual correctness. Die Modernisierung antifeministischer Debatten in den Medien. Opladen: Leske + Budrich.

Oevermann, Ulrich / Allert, Tilman / Konau, Elisabeth / Krambeck, Jürgen 1979: Die Methodologie einer »objektiven Hermeneutik« und ihre allgemeine forschungspraktische Bedeutung in den Sozialwissenschaften. In Hans-Georg Soeffner (Hg.), Interpretative Verfahren in den Sozial- und Textwissenschaften. Stuttgart: Metzler, 352–433.

Rehberg, Karl-Siegbert 2017: Kunstautonomie als (historische) Ausnahme und normative Leitidee. In Uta Karstein / Nina Tessa Zahner (Hg.), Autonomie der Kunst? Zur Aktualität eines gesellschaftlichen Leitbildes. Wiesbaden: Springer VS: 51–66.

Schiller, Friedrich 1933 [1794]: Über die ästhetische Erziehung des Menschen. Berlin: Verlag Öffentliches Leben.

Schützeichel, Rainer 2014: Autonomie als Programm. Über eine schwierige Kategorie in der Kunstsoziologie. In Martina Franzen / Arlena Jung / David Kaldewey / Jasper Korte (Hg.), Autonomie Revisited. Beiträge zu einem umstrittenen Grundbegriff in Wissenschaft, Kunst und Politik. Weinheim, Basel: Beltz Verlag, 166–187.

Stahl, Antje 2018: Wem gehört die Kunstfreiheit? Neue Zürcher Zeitung vom 19. Februar 2018, https://www.nzz.ch/feuilleton/wem-gehoert-die-kunstfreiheit-ld.1356377, letzter Aufruf am 15. November 2022.

Strauss, Anselm Leonard 1994: Grundlagen qualitativer Sozialforschung. München: W. Fink.

Thomas D. Trummer 2017: Protektionismus. Artmagazine, 11. Dezember 2017, https://www.artmagazine.cc/content100909.html, letzter Aufruf 15. November 2022.

Ullrich, Wolfgang 2018: Die Kunst der Vielfalt, Süddeutsche Zeitung vom 3. Februar 2018, 5.

Vahland, Kia 2018: Im Zweifel für die Freiheit. Süddeutsche Zeitung vom 29. Januar 2018, 4.

Veränderungen in der Mitgliedschaft

Neue Mitglieder

Manuela Barriga Morachimo, M.A., Siegen
Dr. Antje Buche, Hamburg
Dr. Sebastian Bührig, Hannover
Raymond Dettwiler, M.A., Olten (Schweiz)
Tom Fixemer, M.A, Kassel
Lena Sophia Gronbach, Kapstadt (Südafrika)
Eric Hartmann, Lüneburg
Michael Horschitz, M.A., München
Dr. Sebastian Juhnke, Berlin
Prof. Dr. Matthias Kussin, Osnabrück
Dr. Karen Lillie, Köln
Dr. Linda Maack, Berlin
Anna-Lena Oltersdorf, M.A., Hamburg
Dr. phil. Ayhan Özgül, Köln
Maria Pfeiffer, Tübingen
Philipp Raab, M.A., Würzburg
Felicitas Riedel, M.A., Heidelberg
Simon Rothers, M.A., Gießen
Petra Schultz-Adebahr, Bremen
Marlen van den Ecker, M.A., Jena

Neue studentische Mitglieder

Elif Bayat, Bottrop
David Sander Diederich, Tübingen
Katharina Ebinger, Stuttgart
Mona Haddada, Tübingen
Anny Nadollek, Witten
Alexander Postinett, Düsseldorf

Maximilian Thalheim, Berlin
Anna Westner, Berlin

Austritte

Dr. Behrouz Alikhani, Münster
Dr. Monika Arnoštová, Duisburg
Nadja Artweger, München
Dr. Alexander Braun, Krems
Elena Vivian Buck, Göttingen
Dr. Stephan Drucks, Koblenz
Kristina Eisfeld, M.A., Berlin
Dr. Anja Franz, Magdeburg
Melanie Gröhl, Staufenberg
Dr. Jens Jetzkowitz, Hamburg
Dr. Wolfgang Kaltenbrunner, Leiden
Prof. Dr. Anna Kasten, Gera
Prof. Dr. Carsten Klingemann, Bad Essen
Dr. Beate Kortendiek, Essen
Ludwig Krüger, Berlin
Prof. Dr. Ines Langemeyer, Karlsruhe
Dr. René Lehweß-Litzmann, Göttingen
Yannick Loeppke, Kaiserslautern
Dr. Julia Martínez-Ariño, GK Groningen
Susanne Maßmann, Berlin
Dr. Alice Melchior, Köln
Prof. Dr. Peter Conrad Meyer, Winterthur
Dr. António Moniz, Karlsruhe
Dr. Nora Müller, Mannheim
Jessica Pahl, M.A., Dortmund
Dr. Stefanie Pawlak, Hamburg
Prof. Dr. Marcel Raab, Nürnberg
Prof. Dr. Jost Reinecke, Bielefeld
Olaf Rüsing, Hamburg
Lisa Schwaiger, Zürich
Philipp Sischka, Trier
Dipl.-Soz. Andreas Taffertshofer, Murnau

Dr. Iris Warnken, Augsburg
Britta Wilkening-Barnsteiner, M.A., Ascheffel
Dr. Helga Zeiher, Berlin
Christoph Ziegler, Bruchsal

Verstorben

Prof. Dr. Ulfert Herlyn, Göttingen

In memoriam Ulfert Herlyn (19. Januar 1936 – 12. August 2022)

Im August des vergangenen Jahres verstarb in Südfrankreich, fern seiner Heimatstadt und seines lebenslangen Wohnorts Göttingen, Ulfert Herlyn im 87. Lebensjahr. Herlyn gehörte zu jenen, die der Stadt- und Wohnungssoziologie ein breites theoretisches und methodisches Fundament gaben und ihr gesellschaftlich zur Anerkennung verhalfen.

Ab 1957 studierte Herlyn Sozialwissenschaften, zunächst in Göttingen, dann in Köln bei René König und Erwin K. Scheuch, die sein Verständnis von empirischer und problemorientierter Soziologie prägten. 1962 erwarb er an der Freien Universität Berlin den Grad des Diplom-Soziologen.

Von 1963 bis 1973 war Herlyn Mitarbeiter und Akademischer Rat am Soziologischen Seminar der Universität Göttingen, das nach der Emeritierung Helmuth Plessners von Hans-Paul Bahrdt geleitet wurde, bei dem Herlyn 1969 promoviert wurde. 1973 folgte die Habilitation an der Wirtschafts- und Sozialwissenschaftlichen Fakultät der Universität Göttingen. Die Lehrbefugnis bezog sich auf Stadt- und Regionalsoziologie und empirische Sozialforschung. Von 1979 bis 1982 war Herlyn Vorsitzender der Sektion Stadt- und Regionalsoziologie, die Manfred Teschner 1972 an der TU Darmstadt gegründet hatte.

1974 wurde Ulfert Herlyn auf eine Professur für Soziologie am »Institut für Planungsbezogene Soziologie und Freiraumplanung« an der Universität Hannover berufen, die er bis zu seiner Pensionierung im Jahr 2000 innehatte. Diese Professur für planungsbezogene Soziologie wurde eingerichtet, als die Hochphase umfassender gesellschaftlicher Planungen eigentlich schon vorbei war. Angesichts der aktuellen Schwierigkeiten für alle städtebaulichen und infrastrukturellen Vorhaben ist erstaunlich, was während der intensiven Planungsphase seit Beginn der 1960er Jahre in kurzer Zeit erreicht wurde: Zwischen 1965 und 1975 wurden mehr Universitäten und Fachhochschulen gegründet, als es zuvor gegeben hatte. Hierbei spielten raumordnungs- und regionalspezifische Gesichtspunkte eine große Rolle. Durch die kommunale Neugliederung verringerte sich zwischen 1968 und 1975 die Anzahl der über 24.000 Gemeinden um zwei Drittel. Des Weiteren sind die Planung und zügige Errichtung zahlreicher »Städte am Stadtrand«[1] und der Ausbau der Infrastruktur zu erwähnen, bei dem neben vielen neuen

1 Mit dem bis dahin nur vereinzelt auftauchenden Wohnhochhaus (Herlyn 1970) als dominantem Bautyp.

Straßen im ländlichen Raum das Autobahnnetz auf ein Vielfaches des Bestandes erweitert wurde.[2]

In empirischen Untersuchungen zum Wohnen im Hochhaus in München, Stuttgart, Hamburg und Wolfsburg konnte Herlyn nachweisen, dass die geringe Kontaktdichte unter den Bewohnern von verschiedenen städtischen Mietergruppen begrüßt wurde. Er betonte aber auch die ideologischen Barrieren, die mit dem Wohnen im Hochhaus verbunden seien.

Herlyns Name ist nicht zuletzt mit drei soziologischen Untersuchungen der Industriestadt Wolfsburg verbunden, die 1938 zur Herstellung des Volkswagens gegründet worden war. Herlyn war in einem Zeitraum von mehr als 40 Jahren an allen drei Untersuchungen beteiligt. Die erste Wolfsburg-Studie ging auf eine Initiative des Göttinger Soziologen und philosophischen Anthropologen Helmuth Plessner (1892–1985) zurück. Nach seinem Diplom war die Mitarbeit an diesem Projekt für Herlyn die erste berufliche Anstellung. Unter Leitung von Martin Schwonke, einem ehemaligen Assistenten Plessners, wurde die detailreiche Untersuchung fertig gestellt und veröffentlicht (Schwonke 1967).

Die zweite Wolfsburg-Studie (Herlyn et al. 1982) nahm die Biographie- und Lebensperspektive sowohl von Einzelpersonen als auch von Familien in den Blick, unter Anwendung einer vom Berliner Soziologen Martin Kohli mit großer Resonanz initiierten Methode. Der Stadtwerdungsprozess sollte in seiner Verschränkung von Stadtentwicklung einerseits und persönlicher beziehungsweise familialer Lebensentfaltung andererseits erfasst werden.

Die dritte Wolfsburg-Untersuchung hatte das Thema: »Faszination Wolfsburg 1938 – 2012«. Im Resümee (Herlyn et al. 2012: 167 ff.) werden die Phasen der Wolfsburger Stadtentwicklung wie folgt beschrieben: Von der Barackenstadt der Kriegsjahre zur Werkssiedlung in der Nachkriegszeit und schließlich zur »Wirtschaftswunderstadt« der 1950er und 1960er Jahre. Die Erfolgsgeschichte des Volkswagens und die Kommunalreform in Niedersachsen trugen dazu bei, dass Wolfsburg im Jahr 1972 über 130.000 Einwohner hatte und die mit Abstand am schnellsten wachsende (Groß-)Stadt der Nachkriegszeit war (ebd.: 170).

Nach der Wiedervereinigung hatten Lothar Bertels, damals Professor für Stadt- und Regionalsoziologie an der FernUniversität Hagen, und Ulfert Herlyn die Idee, den erwartbaren schnellen sozialen, demographischen und kulturellen Wandel an einer ostdeutschen Mittelstadt sichtbar zu machen. Hierfür wurde Gotha in Thüringen ausgewählt, damals eine Stadt mit 57.000

2 Vgl. den Überblick bei Schäfers (1973).

Einwohnern, von denen nach dem am 3. Oktober 1990 abgeschlossenen Einigungsprozess viele nach Westdeutschland und Berlin abwanderten.

Noch in einem sehr frühen Stadium des Projektes gaben Lothar Bertels und Ulfert Herlyn 1991 auf dem »Soziologen-Tag« in Leipzig Auskunft über ihre Forschungsabsichten. Die Auswirkungen des gesellschaftlichen Umbruchs würden bewusst auf der kommunalen Ebene untersucht, »weil sich die meisten alltäglichen Lebensäußerungen im Rahmen einer Gemeinde vollziehen.« (Bertels, Herlyn 1992: 1559) Die Forschungsmethoden umfassten ein breites Spektrum der qualitativen und quantitativen Sozialforschung: Experteninterviews, Haushaltsbefragungen,[3] Filmanalysen und Tiefeninterviews. Die empirischen Untersuchungen sind in drei Bänden dokumentiert. Der dritte Band, der Ulfert Herlyn gewidmet ist, zeigt den Wandel in Gotha im Zeitraum von 1990 bis 2012 (Bertels 2015). Ein Bildanhang von Friedrich-Wilhelm Geiersbach vom Medienzentrum der FernUniversität Hagen dokumentiert den Wandel auch optisch sehr eindrucksvoll.

In einem Beitrag dieses Bandes analysiert Herlyn »Selbstbilder der Ostdeutschen und ihre Fremdbilder der Westdeutschen«. Anhand verschiedener Indikatoren der Selbst- und Fremdzuschreibung wird der Wandel der Einstellungen im Zeitablauf sichtbar. Waren »die Gothaer Befragten in den ersten Jahren nach der Wende der Meinung, dass die früheren DDR-Bürger zu vier Fünftel noch einige Zeit Bürger zweiter Klasse im vereinten Deutschland sein werden«, so war diese »selbstverordnete Unterschichtung« nach gut zwanzig Jahren einer »reflektierten Verortung« gewichen (Herlyn 2015: 208, 223).

Sowohl in den drei Wolfsburg-Studien als auch in den Panel-Untersuchungen zu Gotha und weiteren Arbeiten Herlyns zur Stadt- und Wohnungssoziologie spielte das Thema der Segregation im Stadtraum und der Versorgung ärmerer Bevölkerungsschichten mit adäquatem Wohnraum eine wichtige Rolle. In einem Sammelband, den er 1974 herausgab, wurden hierzu empirische Beispiele und theoretische Grundlagen angeführt.

Später gibt Herlyn einen Überblick zur Entwicklung der Stadtsoziologie von den 1950er Jahren bis in die späten 1980er Jahre und bezeichnet darin die 1950er Jahre als »Gründungsjahrzehnt« und die 60er Jahre als »Ausbaujahrzehnt« für die Stadtsoziologie. Die 70er Jahre hätten unter den Vorzeichen von »Politisierung und Konsolidierung« gestanden (Herlyn 1989).

Herlyns wichtigster akademischer Lehrer war Hans-Paul Bahrdt (1918–1994). Bahrdt hatte 1961 bei *rowohlts deutsche enzyklopädie* den für Architektur

3 Einschließlich der Analyse von Haushaltsbüchern, um die einzelne Haushalte gebeten wurden.

und Stadtplanung resonanzreichen Band »Die moderne Großstadt. Soziologische Überlegungen zum Städtebau« veröffentlicht. Die Neuauflage bei Leske + Budrich versah Herlyn mit einer umfangreichen Einleitung und einem 30 Seiten umfassenden Anhang »Stadtsoziologische Literatur der letzten 50 Jahre« (Bahrdt 1998). In seiner Einleitung hob Herlyn hervor, dass »Die moderne Großstadt« deshalb ein »Klassiker der deutschen Stadtsoziologie nach dem Zweiten Weltkrieg geworden« sei, weil sie Gedankengänge und Argumentationen enthalte, »die jedem, der sich mit der Stadt als Produkt gesellschaftlicher Verhältnisse einerseits und den stadttypischen Verhaltensweisen der Menschen andererseits beschäftigt, als Ausgangspunkt des eigenen Denkens bekannt sein sollten.« (ebd.: 7) Wenn es in der den Band abschließenden Würdigung von Hans-Paul Bahrdt heißt, dass »die eigentliche Biographie seine Werke« seien, so trifft das auch auf Ulfert Herlyn selbst zu.

Ein letztes Wort des Gedenkens gilt dem so freundlichen, immer gut gelaunten und für seine Studierenden und Mitarbeiter so hilfsbereiten Hochschullehrer. So erlebte ich ihn, als wir uns im Juli des vergangenen Jahres in Göttingen für schöne Stunden des Erinnerns und des Gesprächs über die gegenwärtige Gesellschaft, zumal ihre Architektur und städtebauliche Entwicklung, trafen.

Bernhard Schäfers

Literatur

Bahrdt, Hans-Paul 1998: Die moderne Großstadt. Soziologische Überlegungen zum Städtebau. Hrsg. von Ulfert Herlyn. Opladen: Leske und Budrich.

Bertels, Lothar (Hg.) 2015: Gotha im Wandel 1990 – 2012. Transformation einer ostdeutschen Mittelstadt. Wiesbaden: Springer VS.

Bertels, Lothar / Herlyn, Ulfert 1992: Aufbruch oder Abbruch? Über sozialen Wandel und einen Anwendungsfall: die Stadt Gotha. In Hansgünter Meyer (Hg.) Soziologie in Deutschland und die Transformation großer gesellschaftlicher Systeme. Hrsg. im Auftrag der Gesellschaft für Soziologie (Ostdeutschland). Berlin: Akademie Verlag, 1553–1563.

Herlyn, Ulfert 1970: Wohnen im Hochhaus. Eine empirisch-soziologische Untersuchung in ausgewählten Hochhäusern der Städte München, Stuttgart, Hamburg und Wolfsburg. Stuttgart, Bern: Karl Krämer Verlag.

Herlyn, Ulfert (Hg.) 1974: Stadt- und Sozialstruktur. Arbeiten zur sozialen Segregation, Ghettobildung und Stadtplanung. München: Nymphenburger Verlagsanstalt.

Herlyn, Ulfert 1989: Der Beitrag der Stadtsoziologie. Ein Rückblick auf die Forschungsentwicklung. In Joachim Jens Hesse (Hg.), Kommunalwissenschaften in der Bundesrepublik Deutschland. Baden-Baden: Nomos, 359–386.

Herlyn, Ulfert 2015: Selbstbilder der Ostdeutschen und ihre Fremdbilder der Westdeutschen. In Lothar Bertels (Hg.), Gotha im Wandel 1990–2012. Transformation einer ostdeutschen Mittelstadt. Wiesbaden: Springer VS, 207–225.

Herlyn, Ulfert / Schweitzer, Ulrich / Tessin, Wulf / Lettko, Barbara 1982: Stadt im Wandel: eine Wiederholungsuntersuchung der Stadt Wolfsburg nach 20 Jahren. Frankfurt am Main: Campus.

Herlyn, Ulfert / Tessin, Wulf / Harth, Annette / Scheller, Gitta 2012: Faszination Wolfsburg 1938 – 2012. 2. Auflage. Wiesbaden: Springer VS.

Schäfers, Bernhard (Hg.) 1973: Gesellschaftliche Planung. Materialien zur Planungsdiskussion in der BRD. Stuttgart: Ferdinand Enke Verlag.

Schwonke, Martin (in Zusammenarbeit mit Ulfert Herlyn) 1967: Wolfsburg – Soziologische Analyse einer jungen Industriestadt. Stuttgart: Ferdinand Enke Verlag.

In memoriam Yvonne Schütze (8. August 1940 – 19. März 2022)

Am 19. März vergangenen Jahres verstarb Yvonne Schütze nach längerer schwerer Krankheit. Sie war langjähriges Mitglied der Deutschen Gesellschaft für Soziologie. Zwischen 1993 und 1999 wirkte sie im Vorstand der DGS als Verantwortliche für die Sektionen mit, von 1999 bis 2006 war sie Mitglied im Konzil der DGS.

Bekannt ist Yvonne Schütze vor allem in der Familien-, der Frauen- und Geschlechterforschung, der Lebenslauf-, Biografie- und Alternsforschung und der Migrationsforschung. Weniger bekannt ist, dass Yvonne Schütze in anderen Gebieten wie der Netzwerk- und der Freundschaftsforschung eine Pionierin war. Sie war eine neugierige und unerschrockene Forscherin, die oft scheinbar Unvereinbares miteinander ins Gespräch gebracht hat und Brücken über Methoden- und disziplinäre Grenzen hinweg geschlagen hat.

Nach dem Studium an der Universität Frankfurt arbeitete Yvonne Schütze in den 1970er Jahren zunächst in dem großen Forschungsprojekt »Elternhaus und Schule«, das unter der Leitung von Ulrich Oevermann, Lothar Krappmann und Kurt Kreppner am Max-Planck-Institut für Bildungsforschung durchgeführt wurde. Unter anderem tritt sie als Interviewerin in der Szene auf, anhand derer die Methode der objektiv-hermeneutischen Feinanalyse erstmals vorgeführt wird und die in der qualitativen Sozialforschung als sogenannte »Buletten-Szene« berühmt geworden ist. Im Rahmen dieses Projekts entstand auch ihre Doktorarbeit, mit der sie bei Jürgen Habermas und Ulrich Oevermann promoviert wurde: »Innerfamiliale Kommunikation und kindliche Psyche. Eine exemplarische Analyse der Kommunikations- und Rollenstrukturen zweier Familien«.

In den 1970er Jahren war Yvonne Schütze Assistentin bei Hans-Paul Bahrdt an der Universität Göttingen. Gastaufenthalte führten sie an das Deutsche Jugendinstitut nach München und an das Starnberger Max-Planck-Institut, bevor sie 1977 an das Max-Planck-Institut für Bildungsforschung in Berlin wechselte. 1986 habilitierte sich Yvonne Schütze mit einer historisch-familiensoziologischen Arbeit über die Entstehung des normativen Musters »Mutterliebe«. Diese Arbeit gilt immer noch als ein höchst instruktives Beispiel für eine Deutungsmusteranalyse (wobei heute manche eher von Diskursanalyse sprechen würden). Erwähnenswert ist, dass die Autorin auch aus eigener Anschauung wusste, wovon sie sprach, denn sie selbst hatte ihren

1960 geborenen Sohn neben dem Studium und erster Berufstätigkeit großgezogen. 1989 lehnte sie einen Ruf an die Universität Oldenburg ab. 1993 wurde Yvonne Schütze auf eine ordentliche Professur für Soziologie und Pädagogik an die Humboldt-Universität Berlin berufen, an der sie bis 2005 lehrte.

Yvonne Schütze hat zu vielen Facetten der Familiensoziologie und der Generationenforschung gearbeitet, häufig im Rahmen von großen Langzeitstudien. Bei einigen davon handelt es sich um Meilensteine der Biographie-, der Lebenslauf- und der Alternsforschung: Studien zu Geschwisterbeziehungen, zu Eltern-Kind-Beziehungen, insbesondere auch in späteren Phasen des Lebenslaufs. Auf einigen Gebieten hat Yvonne Schütze Pionierarbeit geleistet: Dazu gehören Aufsätze zur Bedeutung von Freundschaften im Alter und über den Lebenslauf – zu einer Zeit als es eine Soziologie der Freundschaft noch gar nicht gab – und Texte zum Widmungs- und Danksagungsverhalten verschiedener Wissenschaftler:innen-Generationen in der Soziologie. Zu nennen ist insbesondere ihre Langzeit-Studie zu Integration und Beziehungen russisch-jüdischer Migrant:innen, die Yvonne Schütze über zwanzig Jahre begleitet hat. Eine wegweisende Studie nicht nur in der Migrations-, sondern auch in der Netzwerkforschung,[4] auch wenn sich Yvonne Schütze selbst wohl gar nicht als Netzwerkforscherin bezeichnet hätte. Das war auch ein besonderer Zug von Yvo – wie ihre Freunde sie nannten: Sie machte nicht viel Aufhebens um sich, weder um ihre Person noch um sich als Wissenschaftlerin. Eine Geschichte, die Yvonne Schütze gerne erzählte, sagt meines Erachtens viel aus über ihre Sicht auf die Welt:

»An einem Tag trafen wir einen Großvater, der mit seinem kleinen Enkel an der Nordsee spazieren ging. Es war gerade Ebbe und überall auf dem Watt-Boden lagen Seesterne, überall Seesterne und der kleine Junge fing an, Seesterne einzusammeln und einzeln zum Wasser zu tragen, damit sie nicht in der Sonne vertrockneten. Der Großvater sagte dazu etwas unwirsch: ›Ach, lass das doch, das sind so viele, das macht doch keinen Unterschied‹. ›Doch!‹, sagte der Junge, ›Für diesen einen macht es aber einen Unterschied!‹«

Und mit diesen Worten schaute Yvo uns vielsagend an. Yvonne Schütze nahm den Einzelfall ernst, nicht nur persönlich, sondern auch wissenschaftlich: Der einzelne Fall war der Prüfstein, der harte empirische Test, der viel erschließen kann, aber der auch erst einmal ganz verstanden werden muss, bevor man

4 Es handelt sich um eine der ersten Netzwerk-Längsschnittstudien mit einem Mixed-Methods Design.

verallgemeinern und über Kontraste mit anderen Fällen – ganz im Weberschen Sinne – zu oftmals aufschlussreichen Typologien kommen kann.

Ihre Empirie-Orientierung, ihre genaue Beobachtungsgabe, ihre hermeneutisch-analytischen Fähigkeiten und ihr Scharfsinn, gepaart mit großer Hartnäckigkeit, den Dingen auf den Grund zu gehen und sie dann auch durch-zu-argumentieren, damit hat sich Yvonne Schütze Anerkennung und Respekt erworben. Ihr Urteil, ihre Meinung wurden geschätzt. Besonders bemerkenswert ist, dass dies gerade auch in Kontexten der Fall war, wo sie nicht Teil des »Mainstream« war: als Soziologin in der Psychologie-Abteilung des Max-Planck-Instituts sowie später am Institut für Erziehungswissenschaften der Humboldt-Universität, aber auch als qualitative Forscherin unter vornehmlich quantitativ arbeitenden Kolleg:innen. So schreibt Reinhold Kliegl im Nachruf des Max-Planck-Instituts:

> »Sie konnte aus beiläufigen Bemerkungen und kleinen Gesten die Beweggründe für Verhalten und Verhaltensweisen mit einer Präzision erschließen und mit einfachen Worten beschreiben, die zu Aha-Erlebnissen und genuinen Einsichten führten. So vermittelte sie den vornehmlich quantitativ ausgerichteten Sozialwissenschaftlerinnen und Sozialwissenschaftlern […] höchst anschaulich, wie man auch ohne große empirische Studien und (quasi-)experimentelle Prüfungen Wissen schafft.«

In der Netzwerkforschung würde man sie als *bridging tie*, als Vermittlerin und Brückenbauerin bezeichnen, oder auch als *gatekeeper*, der Türen in andere Bereiche aufstößt.

Einen weiteren Aspekt hob Paul P. Baltes in seiner Abschiedsrede hervor, als Yvonne Schütze nach 16 Jahren vom Max-Planck-Institut auf die Professur an die Humboldt-Universität wechselte:

> »Im Privaten und Öffentlichen [demonstrierten Sie], wie wichtig es ist, im Diskurs Autonomie des Denkens, anderes Denken zu artikulieren, die Autorität zu hinterfragen. Denn Wahrheit kommt nicht aus Autorität, sondern die kollektive und diskursive Wahrheitssuche macht erst Autorität«.

Ihre Mitarbeiter:innen können bezeugen, dass Yvonne Schütze sich in diesen Hinsichten auch als Vorgesetzte treu geblieben ist, im Wissenschaftssystem beileibe keine Selbstverständlichkeit. Als Mentorin war Yvonne Schütze großzügig, warmherzig und unterstützend und hat ihren Mitarbeiter:innen zugleich größte Freiheiten gelassen. Ihren Freundinnen und Freunden war Yvonne Schütze eine treue Weggefährtin. In der Traueranzeige ihres Freundeskreises lesen wir:

»Sie war eine engagierte Soziologin, eine einfallsreiche Lehrerin, geschätzt für ihre phantasievollen Erkundungen von Theorien und Zugängen zur Erfahrungswelt und wegen ihrer skeptischen Ironie gegenüber allen Formen autoritären Verhaltens. Uns war sie eine unvergleichliche Freundin: Sie hatte das Talent, mit Esprit, Charme und Verständnis Menschen, Orte und Dinge in Austausch miteinander zu bringen und einmal geknüpfte Freundschaften zu pflegen – auch angesichts der Zumutungen des Lebens. Wir verdanken ihr viele glückliche und intensive Stunden in Gesprächen, auf gemeinsamen Feiern, Radtouren und Reisen, bei Besuchen von Museen und Kinos. Ihr Einsatz und ihre Großzügigkeit für Menschen in Not und Bedrängnis bleiben vielen unvergessen.«

Mit Yvonne Schütze haben wir eine leidenschaftliche, eine kluge, unkonventionelle und einfallsreiche Soziologin verloren, die viele von uns wissenschaftlich und persönlich inspiriert hat.

Betina Hollstein

ASI-Nachwuchspreis 2023

Im Jahr 2023 verleiht die Arbeitsgemeinschaft Sozialwissenschaftlicher Institute e.V. (ASI) zum achten Mal den ASI-Nachwuchspreis. Dieser richtet sich an Nachwuchswissenschaftler/innen, die an einem ASI-Mitgliedsinstitut beschäftigt oder persönliches Mitglied der ASI sind. Mit dem Preis werden herausragende Beiträge zur sozialwissenschaftlichen Forschung prämiert. Er wird in zwei Kategorien vergeben:

1. Artikel mit einer inhaltlichen sozialwissenschaftlichen Fragestellung
2. Artikel mit einer Fragestellung aus dem Bereich der Methoden der empirischen Sozialforschung

Über die Verleihung des Preises, der in beiden Kategorien mit 500,- € dotiert ist, entscheidet der Vorstand der ASI.

Voraussetzungen für die Einreichung, die sowohl durch den Autor/die Autorin selbst als auch durch Dritte erfolgen kann:
- Es handelt sich um einen empirisch ausgerichteten sozialwissenschaftlichen Artikel mit methodischer oder inhaltlicher Fragestellung.
- Der Artikel ist in Deutsch oder Englisch verfasst und wurde innerhalb der letzten drei Jahre in einer Zeitschrift mit Peer-Review-Verfahren publiziert.
- Mindestens eine Autorin/ein Autor war während der Entstehungszeit des Artikels an einem ASI-Mitgliedsinstitut beschäftigt oder ist persönliches Mitglied der ASI. Die Autoren des Artikels, die diese Bedingung erfüllen, haben zusammen einen Arbeitsanteil von mindesten 50 % am Artikel.
- Alle Autoren des Artikels sind Nachwuchswissenschaftler/innen. Bei nicht-promovierten Wissenschaftler/innen sollte der letzte Studienabschluss nicht länger als 8 Jahre zurückliegen. Bei promovierten Bewerber/innen sollte die Promotion nicht länger als 8 Jahre zurückliegen.

Einzureichen sind:
- Die Publikation.
- Ein Lebenslauf des Autors/der Autorin bzw. der Autoren/innen (mit einem Verzeichnis der bisherigen Publikationen).
- Eine Bestätigung des ASI-Mitgliedsinstituts, dass die Publikation (beziehungsweise der persönliche Anteil des jeweiligen Autors/der jeweiligen Autorin) in wesentlichen Teilen am Institut entstanden ist.

- Falls eine/r der Autoren/innen während der Entstehungszeit nicht an einem ASI-Institut beschäftigt war: Erklärung über den jeweiligen Arbeitsanteil der ASI-Autoren/innen in Prozent.

Einsendungen im PDF-Format mit Angabe der Kategorie, für welche die Bewerbung erfolgt, bitte bis spätestens **1. April 2023** an:

Arbeitsgemeinschaft Sozialwissenschaftlicher Institute e.V. (ASI)
Unter Sachsenhausen 6-8
50667 Köln
E-Mail: asi@asi-ev.org

Habilitationen

Dr. Ann Vogel hat sich am 22. Juni 2022 an der Humboldt-Universität zu Berlin habilitiert. Die Habilitationsschrift trägt den Titel »The Experience-Makers: Film-Festivals, Immersion, and the Festivalization of Capitalism«. Die venia legendi lautet Soziologie.

Call for Papers

Diversity and Difference – Studies in Subjectivation

Annual meeting of the Biography Research Section in cooperation with the Sociology of Knowledge Section from 28 to 30 September 2023 at Kiel University

You can find a German version of this call on our website:
www.gendiv.uni-kiel.de/de/veranstaltungen/diversity-and-difference

Diversity as a rallying buzzword crops up today in greatly varying contexts: to describe relations within societies, as a part of government programs and political manifestos, or as everyday practice in organizations. Referring to diversity is often intended to communicate a certain *openness* to categories of difference. Diverse actors positively reevaluate difference and distinctiveness, in processes where market interests and neoliberal programs also play crucial roles.

Diversity characterizes societies of the present. Some fight using the slogans »We'll come united«, »Leave no one behind«, »Black lives matter«, and »Trans rights«. Others, however, experience diversity as a loss of control, which they counter with defense mechanisms, including an *us* versus *them* mindset. Accordingly, demands for inclusion and integration are often interwoven with diffuse fears of »new identities« (Hall 1991), for example of refugees and migrants, but also of queer persons and queer ways of life. In turn, demarcation struggles and identitarian divisions within social groups can arise from emphasizing difference, and can lead to »positional fundamentalism« (Villa Braslavsky 2020).

The conference selects these points of departure to enquire about subjectivation, i.e., about processes of socialization and of *becoming a subject.* Being *a subject* requires a confrontation between *self* and *world*, a relation that is constituted from materialities and organizations, sensualities and discourses, collectivizations and individualizations. They flag up the fact that subjects are in themselves incomplete, non-uniform and fragile – and yet remain subject to demands for authenticity, coherence, and continuity.

Subjectivation research in this context can be understood as an analysis of society (Bosančić et al. 2022), with primacy given to questions of being governed, questions of power relations and exclusion mechanisms, questions of resistance, subversion and agency, and questions of participation and recognition. Within the context of diversity and difference, these foci raise perspectives regarding social inequalities, intersectional interweavings, privileges and disadvantages, discrimination and racism.

The conference uses subjectivation research's theoretical vocabulary and empirical approaches to investigate diversity and difference. How can perspectives on subjects and subjectivation, biographies and discourses, articulations and re-articulations, positionings and re-positionings become fruitful for critical social analysis in the context of diversity and difference?

We particularly encourage contributions containing feminist, post-/decolonial, diversity-sensitive perspectives on subjectivation research, alongside critiques of ableism and racism. We look forward to contributions

- that explore subjectivation(s) theoretically, analytically, and methodologically, and which, in so doing, contribute to current societal developments
- that discuss the concept of the subject in the context of diversity. Which tendencies towards appropriating and rejecting diversity can we observe? How can we cognize a resistant and subversive subject, capable of action? How does this relate to a post-identitarian subject? And how can we connect such an understanding of the subject with other scholarship on hegemony, performativity, and normality?
- that deal with the incompleteness and non-uniformity of subjects and simultaneously account for demands of authenticity, biographicity and coherence
- that explore the perspective of subjectivation regarding interpretative methods, or which enquire into possible perspectives and extensions of interpretative research in the context of subjectivation, so as to explore diversity and difference and to avoid othering in the research process
- presenting empirical results and thereby indicating fields of research and policies in which subjectivation research can provide transversal and subversive insights, which are critical of racism and ableism. In which relations

of domination and solidarity are subjects located, and how are they integrated into these relations? What role do institutions, ›normalizing‹ social and political orders, and knowledge about ›the others‹ play in this context?

We invite you to submit abstracts of max. 500 words in German or in English. Please state which language or languages you would like to present your paper in. Please send your abstract including a short biographical note (max. 100 words) and contact information in a PDF attachment to diversity-and-difference@email.uni-kiel.de by **January 31th, 2023**.

There will be childcare available during the conference. When submitting your abstract, please indicate whether you would like to take advantage of this. The conference should be as accessible as possible to people with disabilities. Please let us know your requirements so that we can take them into account. For any questions, please contact

Tina Spies
E-Mail: spies@gender.uni-kiel.de

Folke Brodersen
E-Mail: brodersen@gender.uni-kiel.de

Tagungen

Herausforderungen für eine neue Wohnungspolitik zwischen Gemeinwohlorientierung, Umweltgerechtigkeit und ökonomischer Tragfähigkeit

Gemeinsame Tagung der Arbeitskreise Stadtzukünfte und Wohnungsmarktforschung der Deutschen Gesellschaft für Geographie am 17. und 18. März 2023 an der Humboldt-Universität zu Berlin

400.000 neue Wohnungen pro Jahr, davon 100.000 öffentlich gefördert, so lautet das Ziel im Koalitionsvertrag der Ampel-Regierung von 2021, der zugleich einen Aufbruch in der Bau-, Wohnungs- und Stadtentwicklungspolitik verspricht. Inzwischen hat die »Zeitenwende« des Jahres 2022 auch das Wohnen erfasst und die ohnehin höchst angespannte Lage auf dem Wohnungsmarkt drastisch verschärft. Steigende Miet- und Baukosten, Energiekrise und Energiearmut, unterbrochene Lieferketten und Lieferengpässe, Fachkräftemangel und steigende Kreditzinsen treffen in vielen Städten auf Wohnungsmangel. Gleichzeitig steigt die Nachfrage nach Wohnraum durch die Zuwanderung Geflüchteter und wachsen die Ansprüche an ein klimaresilientes und zugleich sozialverträgliches, gemeinwohlorientiertes Bauen und Umbauen in Verbindung mit Forderungen nach Flächensparen, Ressourcenschutz und Kreislaufwirtschaft.

Auf der Tagung sollen die neue Wohnungsfrage und -politik zusammen mit Akteurinnen und Akteuren aus der (kommunalen) Wohnungspolitik, der Wohnungswirtschaft, Zivilgesellschaft und Wissenschaft diskutiert werden. Dabei geht es um die Frage der Einbettung der Wohnungspolitik in eine nachhaltige, integrierte Stadtentwicklungspolitik und ihre Governance.
Die Tagung beginnt am Freitagnachmittag beginnt mit vier Impulsvorträgen von Prof. Dr. Jürgen Aring (vhw, Berlin), Dr. Christian Lieberknecht (GdW, Berlin), Prof. Dr. Lisa Vollmer (Bauhaus-Universität, Weimar) und Prof. Dr.

Susanne Heeg (Goethe-Universität, Frankfurt). Die Referentinnen und Referenten werden die Perspektiven der Kommunen, der Wohnungswirtschaft, der Zivilgesellschaft und der Wissenschaft vorstellen und anschließend in einer Podiumsdiskussion auch mit den Teilnehmenden der Tagung debattieren.

Für Samstagvormittag sind Vorträge aus Wissenschaft und Praxis geplant. Von besonderem Interesse sind Beiträge zu Konflikten und Lösungskonzepten an der Schnittstelle zwischen wirtschaftlichen Herausforderungen der Wohnungsversorgung, ökologischen Anforderungen an den Wohnungsneubau und die Bestandsentwicklung sowie der Sicherung der Gemeinwohlorientierung des Wohnens. Zum Spektrum der Fragen zählen unter anderem: Wie kann unter den aktuellen Bedingungen steigender Grundstückspreise, Bau-, Energie- und Finanzierungskosten bezahlbarer Wohnraum gesichert und geschaffen werden? Wie sollten Regularien und Standards gestaltet sein, um den sozialen und ökologischen Ansprüchen, aber auch den wirtschaftlichen Erfordernissen der Wohnungsversorgung gerecht zu werden? Welchen Beitrag können Wohnungsneubau und Bestandssanierungen für den Klimaschutz und die Klimaanpassung leisten? Welche Chancen bieten Projekte der Nachverdichtung, wo haben diese ihre Grenzen? Welche besonderen Herausforderungen ergeben sich für genossenschaftliche und kommunale Wohnungsgesellschaften, welche für die soziale Wohnraumförderung? Welche Narrative prägen die politischen und medialen Diskurse um Aushandlungsprozesse?

Den Abschluss der Veranstaltung bildet am Nachmittag des 18. März eine Exkursion zu Berliner Wohnungsbauprojekten. Der Kostenbeitrag beträgt 30 Euro, für Studierende 15 Euro. Die Teilnahme von Studierenden an der Tagung ist willkommen.

Für das Organisationsteam:
Ludger Basten, Jan Glatter, Uta Hohn, Robert Kitzmann,
Sebastian Schipper, Claus-C. Wiegandt
E-Mail: ludger.basten@tu-dortmund.de

Current Perspectives on Spatial Mobilities

Workshop on March 30 and 31, 2023, at the Institute for Employment Research, IAB, in Nürnberg

In the context of the digital transformation driven by COVID-19-induced changes in the labor market, educational system, and society in general, processes of spatial mobility are as relevant as ever. For instance, the widespread use of telework is decoupling individuals' and households' decisions about where to live and where to work. COVID-19 and lockdowns changed perceptions of what constitutes desirable and appropriate places to work, study, and live.

The influx of refugees into European countries following 2015 entailed many newcomers whose decisions about where to work and where to live are shaping their host countries in many respects. Research on refugees' spatial mobility within host countries is therefore indispensable, especially in light of current events following the military conflict in Ukraine.

There have been significant methodological advances in recent years, with new data types being used for spatial mobility research. In particular, small-scale neighborhood-level and geolocated data allow for granulated analysis, while digital trace data from smartphones, sensors, or the Internet provide new and unique information. Combining these data with established survey or administrative data opens up promising new avenues for research. In addition to these topics, the workshop will focus on a broad range of issues related to research on spatial mobilities, including internal migration, commuting, residential multi-locality, student mobility, virtual mobility, and others. Timely research on changing spatial mobility patterns and their implications for existing and emerging social inequalities is crucial. The workshop aims to bring together current research from sociologists, labor economists, demographers, geographers, and scholars from related fields. A non-exhaustive list of topics is:

- Spatial mobility in the labor market and the educational system
- Mobility decisions of the unemployed
- Gendered and household mobility patterns
- Spatial mobility and social networks
- Spatial mobility in the context of neighborhoods
- (Im-)mobility patterns and mobility decision-making

- Applications of innovative data sources, like geo-coded, linked, or digital trace data
- New methods for analyzing spatial mobility

Keynote speakers will be Clara Mulder (University of Groningen) and Sergi Vidal (Universitat Autònoma de Barcelona).

The workshop is planned as a face-to-face event with the possibility of taking part virtually. Depending on the Covid-19-regulations, it might be necessary to host the workshop as an online-only conference.

There is no conference fee. IAB will sponsor refreshments and lunch during the workshop for all participants and the conference dinner (excluding beverages) on March 30 for presenters.

The workshop is jointly organized with the Spatial Mobility Working Group of the Urban and Regional Sociology Section by Sebastian Bähr (Institute for Employment Research, IAB), Heiko Rüger (Federal Institute for Population Research, BiB), and Knut Petzold (Zittau/Görlitz University of Applied Sciences). For any questions, please contact

Dr. Sebastian Bähr
IAB
Regensburger Straße 104
90478 Nürnberg
E-Mail: IAB.spatial-mobility@iab.de

Prof. Dr. Andreas Diekmann, Universität Leipzig, Institut für Soziologie, Beethovenstraße 15, D-04107 Leipzig, E-Mail: andreas.diekmann@soz.gess.ethz.ch

Julian Heide, M.A., Humboldt-Universität zu Berlin, Institut für Sozialwissenschaften, Unter den Linden 6, D-10099 Berlin, E-Mail: julian.heide@hu-berlin.de

Prof. Dr. Betina Hollstein, Universität Bremen, Forschungszentrum Ungleichheit und Sozialpolitik (SOCIUM), Postfach 330440, D-28334 Bremen, E-Mail: betina.hollstein@uni-bremen.de

Prof. Dr. Klaus Kraemer, Universität Graz, Institut für Soziologie, Universitätsstraße 15/G4, A-8010 Graz, E-Mail: klaus.kraemer@uni-graz.at

Prof. Dr. Friedhelm Neidhardt, Berlin

Prof. Dr. Jörg Potthast, Universität Siegen, Philosophische Fakultät, Seminar für Sozialwissenschaften, Adolf-Reichwein-Straße 2, D-57068 Siegen, E-Mail: joerg.potthast@uni-siegen.de

Prof. em. Dr. Bernhard Schäfers, Karlsruher Institut für Technologie, Institut für Soziologie, Medien- und Kulturwissenschaften, Schlossbezirk 12, D-76131 Karlsruhe, E-Mail: schaefers.bernhard@gmx.de

Prof. Dr. Jörg Strübing, Universität Tübingen, Institut für Soziologie, Wilhelmstraße 36, D-72074 Tübingen, E-Mail: joerg.struebing@uni-tuebingen.de

Patricia Thomas, M.A., Universität Leipzig, Institut für Kulturwissenschaften, Beethovenstraße 15, D-04107 Leipzig, E-Mail: PatriciaThomas@mail.de

Klaus Kraemer
Was kann die Soziologie im Schockzustand einer Krise leisten?

In diesem Beitrag wird am Beispiel der SARS-CoV-2-Pandemie die Frage diskutiert, was die Soziologie als sozialwissenschaftliche Disziplin im Schockmoment einer Krise eigentlich leisten kann. In Abgrenzung zu Heinz Bude (SOZIOLOGIE, Heft 3, 2022) wird argumentiert, dass die Aufgabe der Soziologie nicht darin bestehen sollte, Zustimmung in der Bevölkerung zu staatlichen Maßnahmen zu organisieren, sondern eine sozialwissenschaftliche Beobachterrolle einzunehmen, um die blinden Flecke staatlicher Akteure und Expertenstäbe gerade auch unter Krisenbedingungen sichtbar zu machen. Statt in den Modus einer Krisenrhetorik der einfachen Worte zu verfallen, wird dafür plädiert, sich auf die methodologischen und methodischen Kernkompetenzen des Faches zu besinnen und interdisziplinären Austausch nicht mit undisziplinierter Extradisziplinarität zu verwechseln.

This article uses the example of the SARS-CoV-2 pandemic to discuss the question of what sociology can actually do in the moment of shock of a crisis. In contrast to Heinz Bude (SOZIOLOGIE, no. 3, 2022), it is argued that the task of sociology should not be to organise public approval for state measures, but to take on a sociological observer role in order to make the blind spots of state actors and expert groups visible, especially under crisis conditions. Instead of falling into the mode of a crisis rhetoric of simple words, it is advocated that one should remember the methodological and methodical core competences of the discipline and not confuse interdisciplinary exchange with undisciplined extradisciplinarity.

Jörg Strübing
Für das Leben lernen

Der Beitrag kritisiert den Umstand, dass soziologische Kompetenzen in der Schule kaum vermittelt werden und die universitäre Lehramtsausbildung praktisch ohne Einbezug der Soziologie stattfindet. Dies wird problematisiert, weil jungen Menschen damit jenes gesellschaftliche Orientierungswissen vorenthalten wird, das die Soziologie systematisch bereitstellt, und das in Zeiten zunehmend krisenhafter gesellschaftlicher Entwicklungen besonders notwendig ist. Es wird aber auch aus Sicht des Faches problematisiert, dass die mangelnde Sichtbarkeit der Soziologie in der Schule mit zu den aktuell beobachtbaren sinkenden Studierendenzahlen in den Soziologie-Studiengängen beiträgt. Es werden Maßnahmen vorgestellt, die der DGS-Ausschuss »Soziologie in Schule und Lehre« ergriffen hat, um im Fach und bei politisch Verantwortlichen das Problembewusstsein zu schärfen.

The article criticizes the fact that sociological competencies are hardly taught at school and that university teacher training is carried out virtually without the inclusion of sociology. This is problematized because young people are thus deprived of essential skills of social orientation, which sociology systematically provides, and this in times of increasingly crisis-ridden social developments. Looking at the issue from the perspective of sociology as an academic discipline, it is also problematized that the lack of visibility of sociology in schools contributes to the currently observable decline in the number of students in sociology courses. Measures are presented which the DGS committee »Sociology in Schools and Teaching« has taken to raise awareness of the problem both within the group of sociologists at universities and among those with political responsibility in the realm of school and education.

Friedhelm Neidhardt
»Zugutachterei« – Bedingungen korruptiver Nachsicht

Die Analyse von Gutachterei greift zu kurz, wenn sie sich allein auf die Beziehungen zwischen Prüfling und Prüfer versteift; man muss eruieren, wer wie in deren Verhältnis zusätzlich mitspielt. Hier beginnt die Soziologie. Auswahl und Finanzierung von Gutachtern beeinflussen mehr als alles andere ihre Unabhängigkeit. Ungute Folgen lassen sich prinzipiell durch den öffentlichen Verkauf der Prüfungsergebnisse beziehungsweise durch staatliche Finanzierung vermeiden. Befinden Prüflinge selbst sowohl über die Wahl ihrer Gutachter als auch über deren Finanzierung, sind von vornherein Abhängigkeiten im Prüfprozess vorhanden. Die Wahrscheinlichkeit von Gefälligkeitsgutachten (»Zugutachterei«) ist bei dieser Kapitalisierung von Begutachtungen geschäftsbedingt. Verstärkungen dieser Wahrscheinlichkeit ergeben sich unter anderem bei einer Vermengung von Begutachtung und Beratung, bei Einschränkungen gutachterlicher Erhebungs- und Darstellungskompetenzen, sowie bei Vorliegen staatlich geschützter ›Haftungsprivilegien‹. All dies ist heute vor allem im Wirtschaftsbereich verbreitet. Aber auch der Staat ist als Kontrolleur nicht immer verlässlich. Ausdruck dafür ist unter anderem eine hierzulande ideologisch gewollte Unterfinanzierungen staatlicher Kontrollen sowie deren Finanzierung.

The analysis of review and assessment processes does not go far enough if it focuses solely on the relationship between the controllers and those who are assessed. It is necessary to find out who else plays a role in their relationship and how. This is where sociology comes in. More than anything else, the selection and funding of the reviewers influence their independence. Unfavorable consequences can be avoided if assessors finance themselves by selling the results of their assessments or by receiving state funding. If those who are assessed decide themselves both on the selection of reviewers and on their financing, then there exists a dependency between the two actors from the outset. Under this condition, the probability of favorable assessments is very high.

The likelihood of positive assessments is further increased if assessment and consulting are mixed-up, if the assessors are restricted in the collection of data and in publishing their findings, and if there exist state-protected *liability privileges*. All this is common today, especially in the business sector. However, even the state is not always reliable as a controller. This is evident in Germany where state institutions are underfunded as a matter of political will and their privatization is favored.

Jörg Potthast
Unter Beobachtung an der Relationierung arbeiten

Der vorliegende Beitrag diskutiert die Relevanz von Rezensionen in einem Kontext, der sich im Zuge der Metrifizierung stark verändert hat. Er stellt heraus, dass Rezensionen ein übergreifendes Format der ›Prüfung‹ bereitstellen. Darüber wird eine wissenschaftspolitische Schieflage deutlich, aus der der Beitrag, auch im Eindruck gegenwärtiger Proteste, ein offenes Forschungsdesiderat ableitet: Die Frage nach biografischer Inklusion in die organisierte Wissenschaft, oftmals (und oft ersichtlich im Namen von Partikularinteressen) ignoriert oder bloß forciert, bedarf einer Rekonzeptualisierung, die der komplexen Ökonomie der dafür angestrengten Prüfungen gerecht wird.

The present contribution reconsiders the relevance of reviews within a context that has gone through metrification and massive transformation. It argues that book reviews offer a format for ›testing‹ skills which embrace diverse segments of employment. In terms of science policy, this argument discloses a bias which is then reformulated as a research desideratum: The question of biographic inclusion into scientific organizations, often (and often obviously in self-interest) ignored or merely invoked, is waiting to be reconceptualized in a way that does justice to the complex economy nested in the practice of testing.

Julian Heide
Polarisierung von den Rändern denken

Dieses Vorhaben nimmt als Testfall die Armutspopulation in den Blick und untersucht anhand dreier gesellschaftlich umstrittener Felder sozialer Ungleichheit, nämlich sexueller Diversität, Migration und Sozialpolitik eine mögliche Polarisierung an den sozialstrukturellen Rändern. Mit Daten des Sozio-Ökonomischen Panels kann gezeigt werden, dass Menschen in Armut gegenüber Homosexuellen oder transgender Personen nicht skeptischer eingestellt sind als nicht-arme Personen. Im zweiten Feld sozialer Ungleichheit lehnen Menschen mit Armutserfahrung Migrationsbewegungen eher ab und die Migrationsskepsis unter Personen in langanhaltender und intensiver Armut ist größer als bei Menschen mit diskontinuierlichen Armutsverläufen. Im Feld der sozialen Sicherung bevorzugen Personen mit Armutserfahrung staatliche Sicherungsmaßnahmen gegenüber privater Absicherung.

This project takes the poverty population as a test case and examines a possible polarization on the basis of three socially controversial fields of social inequality, namely sexual diversity, migration and social policy. Using data from the German Socio-Economic Panel, it can be shown that people in poverty are no more skeptical of homosexuals or transgender people than non-poor people. With respect to the second field people with poverty experience are more likely to reject migration movements and migration skepticism among people in protracted and intense poverty is greater than among people with discontinuous poverty histories. In the field of social security, people with experience of poverty prefer state security measures to private security.

Patricia Thomas
Im Zweifel für die Freiheit?

Der Beitrag nähert sich dem Diskurs um die Kunstautonomie in medialen Debatten am Beispiel zweier skandalisierter Ereignisse im Kunstfeld. Es werden diskursive Strategien, zentrale Konfliktlinien und Deutungsmuster vorgestellt, die mittels einer wissenssoziologischen Diskursanalyse herausgearbeitet wurden. Anhand der Rekonstruktion des Diskurses um die Kunstautonomie lassen sich herrschende Regeln und normative Vorstellungen über legitime und illegitime Formen der Kunstbetrachtung und -bewertung freilegen.

The article approaches the discourse on the autonomy of art in medial debates using the example of two scandalized events in the art field. It presents discursive strategies, central lines of conflict and patterns of interpretation, which have been worked out by a sociology of knowledge approach to discourse. Thus, by reconstructing the discourse around autonomy of art, prevailing rules and normative ideas about legitimate and illegitimate forms of viewing and evaluating art can be exposed.

Bitte berücksichtigen Sie folgende Hinweise zur Textgestaltung:

Verwenden Sie *Fußnoten* nur für inhaltliche Kommentare, nicht für bibliographische Angaben. Geben Sie *Literaturhinweise im Text* durch Nennung des Autorennamens, des Erscheinungsjahres und ggf. der Seitenzahl in Klammern. Zum Beispiel (König 1962: 17).

Bei *bis zu drei Autor:innen* geben Sie alle Namen an und trennen durch Kommata; bei *mehr als drei Autor:innen* ergänzen Sie den ersten Namen um »et al.«. Kennzeichnen Sie *mehrere Titel pro Autor:in* und Erscheinungsjahr durch Hinzufügung von a, b, c … (König 1962a, 1962b).

Mehrere, aufeinander folgende Literaturhinweise werden durch Semikolon getrennt (König 1962: 64; Berger, Luckmann 1974: 137)

In der *Literaturliste am Schluss des Manuskriptes* führen Sie alle zitierten Titel alphabetisch nach Autorennamen und je Autor:in nach Erscheinungsjahr (aufsteigend) geordnet auf, bei mehreren Autor:innen alle namentlich durch Schrägstrich getrennt nennen. Geben Sie Verlagsort und Verlag an.

Bücher: Luhmann, Niklas 1984: Soziale Systeme. Grundriss einer allgemeinen Theorie. Frankfurt am Main: Suhrkamp.

Zeitschriftenbeiträge: Müller-Benedict, Volker 2003: Modellierung in der Soziologie – heutige Fragestellungen und Perspektiven. SOZIOLOGIE, 32. Jg., Heft 1, 21–36.

Beiträge aus Sammelbänden: Lutz, Helma 2003: Leben in der Twilightzone. In Jutta Allmendinger (Hg.), Entstaatlichung und soziale Sicherheit. Opladen: Leske + Budrich, 254–266.

Internetquellen: Stark, Philip B. / Freishtat, Richard 2014: An Evaluation of Course Evaluations. ScienceOpen Research, doi: 10.14293/S2199-1006.1.SOREDU.AOFRQA.v1.

oder Steffen, Wiebke 2003: Polizeilich registrierte Gewalttaten junger Menschen: Grund zu Furcht und Sorge? Sozialwissenschaften und Berufspraxis, 26. Jg., Heft 2, 135–148. https://nbn-resolving.org/urn:nbn:de:0168-ssoar-38044. Letzter Aufruf am 27. April 2021.

Im Literaturverwaltungsprogramm *Citavi* können Sie unseren *Zitationsstil »Soziologie – Forum der Deutschen Gesellschaft für Soziologie«* nutzen. Fügen Sie Ihrem Manuskript bitte eine *deutsche* und eine *englische Zusammenfassung von maximal je 15 Zeilen*, sowie *Name, Titel* und *Korrespondenzadresse* bei. Schicken Sie Ihren Text bitte als .docx, .rtf oder .odt per E-Mail an die Redaktion der SOZIOLOGIE: soz-red@sozio.uni-leipzig.de.

Für *Berichte aus den Sektionen* beachten Sie bitte, dass der Text 7.500 Zeichen (inkl. Leerzeichen) nicht überschreiten sollte.